설교,

그것이 알고 싶다!

정인교 박사의 설교 Q & A

(본 저서는 2021년 서울신학대학교의 연구비 지원에 의한 연구임.)

책을 펴내며

기독교는 말씀의 종교입니다. 설교는 '지금, 여기서' 선포되는 하나님의 말씀입니다. 목사는 하나님의 말씀에 봉사하는 자입니다. 그리스도인은 하나님의 말씀을 들어야 합니다. 마르틴 루터가 '설교 없는 예배 없다!'고 천명하면서 예배의 명칭을 '설교예배(Predigtgottesdienst)'로 명명한 이래 설교는 기독교 예배의 중심이 되어 왔으며, 설교가 목회자들의 가장 중요한 직무가 된 것은 당연하다고 여겨집니다. 더욱이 최근에는 코로나19 바이러스로 인해 전통적인 예배가 무너지고 온라인(online)을 통한 예배가 보편화 되면서 설교의 중요성은 더욱 커졌습니다.

성도들에게 설교는 모든 예배의 중심으로 확실하게 각인되어 있습니다. 마치 약방의 감초처럼 모든 예배의 중심으로 중요하게 자리잡았지만, 성도들에게 설교는 여전히 먼 나라 이야기처럼 느껴지는 게 현실입니다.

마르틴 루터는 하나님 말씀을 삼중적 양식으로 확증하였습니다. 계시된 하나님 말씀인 예수 그리스도와 기록된 하나님 말씀인 성경에 이어 '설교'를 선포된 하나님 말씀으로 확증하면서 설교는 아무나 건드릴 수 없는 터부의 영역이 되어 왔습니다. 그 결과 설교는 인식의 궁금증 저 아래 감추어진 비밀의 보따리가 되고 말았습니다.

물론 하나님의 말씀을 아무나 해석하고 거룩한 강단을 아무나 넘본다는 것은 안 될 일입니다. 하지만 내가 믿는 종교의 가장 중요한 부분 중 하나인 설교에 대한 궁금증이 풀리지 않는 비밀로 남는 것은 결코 바람직하지 않습니다. 성도는 믿음 위에서 그리스도의 장성한 분량에 이르기까지 성장을 해야 하는데 설교가 예외가 될 이유는 없지 않나요?

이런 안타까움이 진작부터 있었지만 27년의 세월을 신학생들을 가르치는 일로 분주하다 보니 이제야 본서를 내놓게 되었습니다. 가능한 정확한 정보를 제공하고자 노력하였고 각주도 많이 달았습니다. 또 신뢰성 있는 자료를 바탕으로 전문적인 정보를 제공하였으므로 교양서적 이상의 가치는 있을 것입니다. 설교를 공부하는 신학생들도 편하게 '열린 지상 설교학'이라 생각한다면 적지 않은 유익함을 얻을 수 있을 것입니다.

과거에 우리 선배들은 성도들이 유식하면 목회자가 골치 아프다는 궤변을 쏟아놓곤 했습니다만, 지식 기반 사회를 살아가는 성도들의 성숙은 더 이상 외면할 수 없는 당위입니다. 아는 만큼 보입니다. 아는 만큼 들립니다. 겸손한 신앙 위에 지식이 더해질 때 온전하고 아름다운 성도가 탄생할 것입니다. 그러한 기대와 희망으로 이 작은 졸저를 내놓습니다.

저자 정인교 드림

차 례

제1장 설교란 무엇인가?

1. 설교가 무엇인가요? ····· 2
2. 설교가 하나님 말씀인가요? ····· 6
3. 설교가 하나님 말씀이라면 인간이 신을 말할 수 있나요? · 9
4. 설교는 반드시 있어야 하나요? ····· 13
5. 예배의 핵심이 설교인가요? ····· 16
6. 설교와 성만찬은 어떤 관계인가요? ····· 20
7. 설교에는 어떤 기능이 있나요? ····· 25
8. 설교가 사람을 변화시킬 수 있나요? ····· 28
9. 설교를 평가할 수 있나요? ····· 32
10. 설교표절 문제가 심각해요! ····· 38

제2장 무엇을 설교하는가?

1. 설교의 메시지는 어떻게 만들어지나요? ····· 44
2. 설교의 성경 본문이나 주제 설정은 어떻게 하나요? ····· 48
3. 설교는 성경을 근거로 해야 하나요? ····· 56
4. 같은 성경 다른 설교? ····· 61
5. 설교에 예화(Illustrations))가 필요한가요? ····· 66
6. 설교에 유머가 필요한가요? ····· 71
7. 설교와 성경공부는 어떻게 다른가요? ····· 74

제3장 누가 설교하는가?

1. 설교자의 설교가 하나님의 말씀이라 할 수 있나요? ····· 78
2. 설교자가 자기 이야기를 해도 되나요? ····· 83

3. 평신도는 설교할 수 없나요? ····· 86
4. 여성 설교는 가능한가요? ····· 93

제4장 누구에게 설교하는가?

1. 모든 사람이 예외 없이 설교를 들어야 하나요? ····· 100
2. 설교는 독백인가요? ····· 103
3. 설교자와 회중이 설교 계획을 함께 세울 수는 없나요? ··107
4. 설교는 어떤 태도로 들어야 하나요? ····· 111

제5장 어떻게 설교하는가?

1. 설교는 알아서 들어야 하나요? ····· 118
2. 설교는 다양한 형식을 필요로 하나요? ····· 122
3. 원고설교와 무원고 설교? ····· 127
4. 강해설교란 무엇인가요? ····· 133
5. 주제설교란 무엇인가요? ····· 137
6. 연역적 설교에 대해 알고 싶어요! ····· 141
7. 귀납적 설교에 대해 알고 싶어요! ····· 144
8. 이야기 설교와 이야기식 설교에 대해 알고 싶어요. ··· 148
9. 설교에서 영상 사용을 어떻게 보아야 하나요? ····· 157
10. AI(인공지능)가 만든 설교를 어떻게 보아야 하나요? ·163

제6장 설교는 어떻게 변해왔는가?

1. 설교의 기원에 대해 알고 싶어요. ····· 171
2. 초대교회의 설교에 대해 알고 싶어요. ····· 177
3. 중세 가톨릭교회의 설교가 궁금해요. ····· 186
4. 종교개혁자들은 설교를 어떻게 이해했나요? ····· 194

제1장
설교란 무엇인가?

1. 설교가 무엇인가요?

> 교회의 예배 순서 가운데 가장 오랜 시간을 잡아먹는(?) 것이 설교입니다. 또 모든 예배에는 반드시 설교가 있습니다. 심지어 주일예배가 끝나고 2~3시간 후에 열리는 오후 예배에도 어김없이 설교가 포함됩니다. 성도들이 오전 예배에서 은혜를 못 받았으면 다시 설교를 듣는 게 이해가 되지만 충분히(?) 은혜를 받았는데도 다시 설교를 들어야 합니다. 교역자가 한 분인 교회인 경우에는 모든 설교를 이 분 혼자 맡습니다. 문제는 설교자의 설교를 교회에 모인 성도들이 침묵하며 듣고 있다는 것이지요. 회중 가운데에는 사회적 저명인사도 있고 학문이 탁월한 학자도 있는데 말이지요.
>
> 솔직히 어떤 때는 설교가 지루하고 졸려서 듣고 싶지 않은 때도 있습니다. 예수를 안 믿는 사람들은 설교라는 단어를 부정적으로 사용하지요. 말을 지루하게 한다든지, 잔소리를 하면 설교한다고 핀잔을 줍니다. 반면에 어떤 분은 설교 때문에 교회에 나온다는 분도 있습니다.
>
> 도대체 설교가 무엇이길래 예배의 중심을 차지하며 모든 예배에 감초처럼 들어가는 것인가요?

설교는 교회의 기원과 그 맥을 같이 합니다. 2세기 중엽으로 추정되는 시기에 순교자 저스틴(Justin Martyr 103년~165년)이 남긴 기록에는 그 당시 설교가 행해진 사실을 다음과 같이 전합니다.

"주의 날에는 한 장소에서 모임이 있었다. (중략) 시간이 허락되는 한 선지자들의 글이나 사도들의 회고록들이 읽혀졌다. 낭독자가 읽기를 마쳤을 때 사회자(proestos)가 설교 중에 우리에게 이러한 고귀한 것들을 따르도록 촉구하고 인도하였다. (1 Apol. 67)"

11세기에는 설교가 예배에서 사라지는 위기도 있었지만 '설교

없는 예배 없다!'며 예배의 명칭을 '설교예배'(Predigt-gottesdienst)로 규정한 마르틴 루터의 종교개혁 이래 설교는 개신교 예배의 핵심이 되었습니다. 설교 없는 예배가 없을 만큼 설교가 예배의 중심이라면 설교가 무엇인지를 당연히 알아야겠지요? 하지만 설교가 무엇인가를 정의하는 것은 그리 녹록한 작업이 아닙니다. 여기에는 여러 이유가 있어요.

첫째, 역사 속에서 설교에 대한 이해가 동일하지 않았습니다. 이것은 설교를 지칭하는 용어의 변천을 보아도 알 수 있지요. 설교의 역사를 보면 설교를 지칭하는 용어가 시대마다 다 다릅니다.

►저스틴 (Justin Martyr)

고대 교회에서는 호밀리아(Homilia. 430년까지)라고 불렀고, 중세 교회에서는 세르모(Sermo. 1517년까지), 그리고 종교개혁자들은 콘치오(Contio. 1517년 이후)라고 불렀습니다. 용어의 변화는 설교에 대한 이해와 기능이 시대마다 달랐음을 웅변하는 것이지요. 흔히 설교를 '예배가 진행되는 가운데 성경을 구술로 강해하는 것'이라고 정의하지만 설교는 이미 성경의 정형화작업 이전부터 존재했습니다. 즉, 성경이 확정되기 전 이미 '본문' 없는 설교의 시대가 있었습니다.

둘째, 신학적 이해의 다양성은 오히려 설교 정의의 통일을 어렵게 합니다. 대체로 보수적 신학 진영에서는 설교에서 하나님의 주권과 설교자의 권위, 설교에 담긴 메시지를 강조하는 반면 진보적 신학 진영에서는 설교의 기능과 효과 그리고 전달에 초점을 맞춥니다. "설교가 인간적인 것에서 멀어져서는 안 된다.(Die Predigt darf nichts menschliches fremd sein)"[1]는 마틴 쉬안(Martin Schian)의 주장은 진보 진영의 입장을 잘 드러내고 있어요.

---

1) Martin Schian, "Die Aufgabe der Predigt", in: Gert Hummel(Hg.), *Aufgabe der Predigt*, Darmstadt, 1971.

셋째, 설교가 가지는 복합적인 성격이 설교의 정의를 어렵게 합니다. 20세기 최고의 신학자로 꼽히는 칼 바르트는 설교를 정의하려면, 설교의 계시적합성, 교회성, 신앙 고백적 성격, 직무적합성, 설교의 거룩성, 성서부합성, 독창성, 회중 적합성, 그리고 설교의 영성 등 아홉 가지 요소들을 고려해야 한다고 주장합니다.2) 목록만 보아도 머리가 지끈거리지요. 이러한 다양한 요인들 때문에 설교를 한마디로 정의하는 것은 쉽지 않습니다.

▶칼 바르트

그럼에도 불구하고 한국 교회가 가진 신앙의 양태 그리고 설교의 본질과 기능 등을 고려한다면 다음과 같은 설교 정의가 가능할 것입니다.

"설교란 교회를 통해 하나님께 부름 받은 설교자가 예배로 모인 회중이 온전한 성도가 되며 하나님 나라의 일꾼으로 기능할 수 있도록 하는 성경에 근거한 하나님 말씀의 증언이다." - 칼 바르트

위의 칼 바르트의 설교의 정의는 몇 가지 중요한 요소들을 담고 있습니다. 첫째, 설교자란 하나님으로부터 설교자로 부름 받았다는 소명(vocatio)을 가진 자여야 하며, 현실적으로 교회를 통해 설교자로 세움을 받아야 합니다. 복음의 공적 집행인 설교를 위해 설교자는 그에 합당한 신학적인 훈련을 받아야 할 뿐 아니라 항상 영적으로 하나님과의 긴밀한 교제를 가져야 하지요.

둘째, 설교의 자리는 예배입니다. 설교는 하나님께서 불러 모은 예배 가운데 하나님이 당신의 뜻을 전달하는 '하나님의 일'입니다. 그래서 칼 바르트는 설교를 가리켜 '행동 중에 있는 하나님

---

2) Karl Barth, *Homiletik. Wesen und Vorbereitung der Predigt*, 정인교 역, 『칼 바르트의 설교학』(서울: 한들출판사, 1999), pp. 48-106.

(Predigt ist Gott in Aktion)'이라고 지칭한 것이지요.

셋째, 설교는 설교자의 일방적 독백(monologue)이 아니라 현대인을 대상으로 하는 대화(dialogue)입니다. 이 말은 설교자가 대화의 상대인 오늘의 회중과 세계에 대해서 정확하게 알아야 함을 의미합니다.

넷째, 설교의 원천은 기록된 계시의 말씀인 성경입니다. 설교자는 성경 말씀의 증언자입니다. 설교는 설교자 개인의 생각과 사상을 펼치는 것이 아니라, 철저히 오늘의 우리를 향한 하나님의 말씀을 듣고 그것을 전하는 자리입니다. 따라서 설교자는 성경 말씀을 기초로 해야 하며 그 안에서 하나님의 음성을 듣고 그분의 뜻을 헤아려 성도에게 온전히 전해주어야 합니다. 설교자는 자기 마음대로 말하는 것이 아니라 이미 말할 것이 주어진 자이고, 설교자의 자유는 '증언'이라는 전제에 묶인 자유입니다.

다섯째, 설교의 목적은 회중으로 온전한 그리스도인이 되는 동시에 하나님 나라의 일꾼으로 기능할 수 있도록 돕는 것입니다. 그리스도에 대한 분명한 신앙을 확립시켜 주어야 하며 세상 속에서 부딪치는 문제들을 기독교 정신으로 해석하고 해결할 수 있도록 조력해야 합니다. 나아가 궁극적으로는 이 땅에 펼쳐지는 하나님의 다스리심에 성도들이 선한 일꾼으로 기능할 수 있도록 안내하는 것이 설교의 목적입니다.

2. 설교가 하나님 말씀인가요?

> 가끔 교회에서 설교를 '하나님 말씀'이라고 이야기하는 것을 듣습니다. 신앙심이 깊은 분들은 이런 표현에 대해 별로 거부감을 느끼지 않는 것처럼 보입니다. 하지만 이것처럼 황당한 표현이 또 있을까요? 설교를 하는 설교자는 우리와 성정이 똑같은 '사람'인데 어떻게 그가 하는 말이 하나님 말씀이란 말인가요? 그것은 자칫하면 신성모독으로 비춰질 수 있는 위험한 말입니다.
> 아무리 설교자가 거룩하고 존경 받을만한 인물이라 하더라도 그런 무흠함이 그의 말을 하나님 말씀으로 탈바꿈하게 하는 것은 아니지 않습니까? 도대체 무슨 근거로 설교자의 설교를 하나님 말씀이라 하는 것인가요?

하나님과 말씀은 불가분리의 관계가 있습니다. 말씀은 단순히 묘사적인 연설이 아니라 세상을 향해 부어지는 일종의 창조적이며 효력이 있는 힘입니다.(사 55:10-11) 하나님은 말씀으로 세상을 창조하셨고(창 1: 3-29), 하나님 말씀은 이스라엘과 맺은 하나님의 언약의 매개자이며(출34:27; 신 30: 14-20), 그의 말씀은 현재에도 배후에서 역사를 이끌어가는 원동력입니다.(사44: 26-28)

역사적으로 보면 하나님의 말씀은 인간의 선포라는 매개를 통해 드러나지요. 가령 모세가 하나님 말씀의 통로였던 것이나(출 4: 10-16; 5: 1-2; 29: 3-9), 예언자들이 의무적으로 하나님 말씀을 선포하도록 한 것(암3: 8; 렘 6:11; 20: 7-9; 호 1:1) 등이 그 증거입니다.

신약성경은 하나님 말씀을 하나님이 인간의 몸을 입고 성육신하신 예수 그리스도로 선언합니다.(요 1: 14; 히 1:2) 실제로 하나님 말씀이신 예수 그리스도는 그 자신이 영생의 원천이자(요 5:24), 자신이 언급한 것을 그대로 성취하는 능력을 지녔으며(막 1: 27-28; 4: 35-41; 마 9: 1-8), 언약의 말씀을 감독하고 재해석하는 권위를 지녔습니다.(마 5: 21-48) 예수님은 제자들에게 "너희 말을 듣는 자는 곧 내 말을 듣는 것이요 너희를 저버리는 자는 곧 나를 저버리는 것이요 나를 저버리는 자는 나를 보내신 이를 저버리는 것이라.(눅 10: 16. cf. 요 12: 49-50)"라고 말씀하심으로써 인간이 하나님 말씀을 선포할 수 있는 토대를 제공해 주셨습니다. 이러한 말씀의 위임을 토대로 교회는 설교를 하나님 말씀과 동일시 해 왔습니다.

성 어거스틴은 이사야 58장 7절의 '네 골육'을 설명하면서 기독교인들을 '말씀을 통해서 영적으로 태어난 사람들'로 규정했는데(Christian Doctrine II, 12) 여기서의 말씀은 설교를 의미합니다.

►성 어거스틴

마르틴 루터는 선포된 말씀인 설교의 중요성에 대해 "하나님께서는 이 도구를 통해 우리와 함께 일하시며 모든 일을 행하시고 우리에게 그의 모든 풍요를 허락하신다"3)고 하면서 하나님의 말씀을 다음과 같이 세 가지 양태로 정리하였습니다.

 a. 계시된 하나님 말씀 예수 그리스도(geoffenbartes Wort Gottes, Jesus Christus),
 b. 기록된 하나님 말씀 성경 (ge- schriebenes Wort Gottes, Bibel),
 c. 선포된 하나님 말씀 설교(verkuendigtes Wort Gottes, Predigt).

이러한 하나님 말씀의 세 가지 양태는 서로 밀접한 연관성을 지니고 있습니다. 지금 여기서 선포되는 하나님 말씀인 설교는 기록된 계시의 말씀인 성경에 기초해야 하며 그렇게 작성된 설교는 궁극적으로 하나님의 영광을 드러내야 한다는 것입니다. 루터뿐 아니

---

3) WA, Tischreden, 4: 517.

▶마르틴 루터

라 모든 종교개혁자들은 설교와 성경 그리고 성령의 중요성을 인지하고 있었습니다. 즉 기록된 복음이 성령의 인도와 조명 아래 선포되고 들려지는 곳에서 비로소 참되고 살아있는 하나님 말씀이 인간의 심령 속으로 들어가서 역사하게 된다는 것입니다.

이를 정리하면 설교가 하나님 말씀인 것은 성령의 조명하심 하에 기록된 하나님 말씀에 대한 증언이기 때문입니다. 그러나 이러한 형식적 요건이 갖추어진다 하더라도 자유롭게 주어지는 하나님의 은혜 속에 하나님이 교회의 선포를 통해 자신을 계시할 것을 허용하고 그것을 선택하실 때에 비로소 인간의 말은 하나님의 말씀이 되고 하나님이 스스로 자기를 내어주는 사건이 되는 것입니다.4) 그러기에 설교자는 순전한 심정으로 하나님의 역사하심을 기다리며, 성령의 조명 하에 성경을 통해 주시는 하나님의 말씀을 듣고 받아야 하는 것입니다.

---

4) 20세기 하나님 말씀의 신학을 대변하는 칼 바르트는 하나님 말씀과 설교의 관계를 자신의 저서에서 심도 있게 다루고 있습니다. Karl Barth, *Church Dogmatics*, vol 1: The Doctrine of the Word of God, ed. Bromiley W.G. and Torrance F.T. 1975.

3. 설교가 하나님 말씀이라면 인간이 신을 말할 수 있나요?

> 고등학교 때 불국사로 수학여행을 갔습니다. 1000년의 고도답게 경주는 불국사며 석굴암 같은 불교 유적지로 가득했습니다. 특히 대웅전에 안치된 불상이 참 인상적이었습니다. 그러다가 친구의 권유로 교회에 다니게 되었는데 첫 인상이 사찰과 너무 달랐습니다. 어디에도 하나님에 대한 그림도 신상도 없었습니다. 나중에 안 사실이지만 지구상에 있는 종교 가운데 신의 형상을 갖지 않은 종교는 기독교가 유일했습니다. 내가 믿는 신의 형상도 갖지 않은 종교... 참 이상했어요. 그런데 더 이상한 것은 목사님이 설교를 하면서 하나님의 말씀을 전한다는 것입니다. 아니 본 적도 없는 하나님의 말씀을 전하다니요? 섬기는 신의 형상도 안 가진 기독교가 그리 쉽고 빈번하게 하나님을 말한다는 것이 너무 아이러니 했어요.
> 설교가 하나님 말씀이라고 하는데 정말 인간이 하나님을 말할 수 있는 것인가요?

설교가 하나님 말씀의 대언(증언)이라 할 때 반드시 먼저 짚어야 하는 문제가 '인간이 신을 말할 수 있는가' 하는 문제이지요. 사실 유대인들은 하나님의 이름을 부르는 것을 매우 조심스러워했어요.

히브리어로 하나님의 이름을 나타내는 네 글자는 יהוה입니다. 이것을 가리켜 테트라그라마톤(tetragrammaton)이라 부르는데 이는 숫자 '넷'을 의미하는 '테트라'와 알파벳을 의미하는 '그라마'의 합성어로서, 하나님의 이름을 망령되이 일컫지 말라는 십계명의 세 번째 계명을 지키고자 한 때문입니다. 그래서 그 방법으로 테트라그라마톤을 발음하지 않고, 꼭 발음해야 하는 상황이라면 '주'라는 의미인 '아도나이'나 '그 이름'이라는 의미의 '하셈'으로 대치하여 발음했어요. 그 결과 יהוה를 여호와 혹은 야웨

로 부르게 된 것이지요. 유대인의 문헌을 보면 테트라그라마톤을 발음하며 부모를 저주했을 경우에는 반드시 죽어야만 했고, 테트라그라마톤을 발음하는 자는 아무런 상급 없이 사후 세계를 맞이한다고 기록됐을 정도니 하나님의 존함을 얼마나 거룩하게 여겨졌는지 엿볼 수 있지요.

신약시대의 성도들은 구약시대의 이 정신을 성경 필사에 적용했는데, 그것이 바로 '노미나 새크라(nomina sacra)'입니다. 노미나 새크라란 하나님의 존함이 약자로 쓰인 것을 말합니다. 예를 들어 '하나님'의 주격 형태가 θεός(테오스)라면 노미나 새크라는 앞글자 θ와 마지막 글자인 ς를 이은 후 단어 위에 선을 붙여 θς로 표기합니다. 이것이 신약 시대 성도들이 하나님의 존함을 높이는 방법이었습니다.

이처럼 유대교와 기독교에서 하나님의 이름을 부르는 것조차 매우 조심스러워했던 전통에 비춰보면, 설교가 하나님을 말하고 또 하나님의 뜻을 전한다고 하는 것을 쉽게 이야기할 것이 아니지요. 이 문제는 우리가 믿는 하나님의 속성을 이해할 때 가능해집니다.

기독교가 믿는 하나님의 속성은 크게 세 가지입니다.

첫째는 은폐된 하나님(Deus Absconditus)입니다. 하나님은 무한자이고 인간은 유한자입니다. 유한자인 인간은 무한자인 하나님을 규정할 수 없습니다. 우리가 찾는다고 찾아지는 하나님이 아니고 우리의 이해로 파악되는 분이 아닙니다. 구약성서를 보면 '신형상 제작금지명령(Gottesbildverbotenheit)'이 나옵니다. 하나님에 관한 그림이나 동상 등 일체의 형상화를 금지하는 명령입니다. 만일 이 명령을 어겼을 경우 가차없이 죽임을 당했습니다. 우리 생각에 그림 정도 그리는 게 뭐 그리 죄가 될까?라고 생각할 수 있어요. 그런데 그림이나 상은 인간의 하나님에 대한 이해가 밖으로 표출된 것입니다. 즉 유한자인 인간이 무한자인 하나님을 파악하고 규정한 결과라는 것입니다. 무한자의 형상화를 그것도 유한자인 인간이 한다? 그렇다면 인간이 하나님보다 더 뛰어난 능력을 가진 존재라는 것을 나타내는 것이나 다름없는 것입니다. 그런 일은 있을 수가 없지요! 하나님은 철저히 인간의 사유 능력 밖에 계신 분입니다. 인간의 어떤 능력으로도 하나님을 파악 할 수 없습니다. 따라서 인간 스스로의 능력으로 하나님께 다가가는 것은 불가능합니다.

둘째, 우리가 믿는 하나님은 계시된 하나님(Deus Revelatus)입니다. 인간이 하나님을 찾을 수 없다? 인간이 하나님께 말을 걸 수 없다? 그렇다면 남은 가능성은 하나님이 인간을 찾는 것이고 인간에게 말을 걸어오시는 것입니다. 마치 어른이 어린 아이와 대화를 하기 위해 스스로 몸을 낮추어 키 높이를 맞추듯 하나님이 인간의 키 높이에 맞추시는 방법 밖에 없습니다. 하나님이 사용하신 키 높이 조정이 바로 하나님이 스스로 인간이 되는 성육신입니다. 예수 그리스도가 바로 하나님의 성육신입니다. 하나님이 예수 안에서 스스로 인간이 되신 것입니다.

우리 신앙이 고백하는 것처럼 예수 그리스도는 참 하나님이자 참 인간이십니다. 즉 한 인격 안에 신성과 인성이 병존하시는 것입니다. 바로 이 예수를 통해 하나님은 인간에게 자기를 드러내 보이시고 말을 걸어오십니다. 이제 인간은 이 예수 그리스도를 믿음으로써 예수 안에서 예수를 통해 예수로 말미암아 하나님을 바라볼 수 있으며 그분에게 말을 걸 수 있습니다.

하나님의 세 번째 속성은 말을 거는 하나님(Deus Loquens)입니다. 예수 그리스도 안에서 자신을 드러내시고 인간에게 말을 걸어 오신 하나님은 이제 오늘 여기서 성령을 통해 믿는 자에게 말을 걸어오십니다. 즉 역사적 존재인 예수가 그 역사성으로 인해 시공간의 한계를 가진다면 이제 하나님의 영인 성령을 통해 그 벽을 허무시고 인간의 삶을 간섭하고 안내하시는 것이지요.

하나님의 말 걸음은 두 가지 차원에서 진행됩니다. 하나는 개인적 차원입니다. 하나님은 성령을 통해 우리 각자의 삶에 관여하시고 인도하십니다. 때로 책망을 하시기도 하시고 위로하시기도 하며 선한 길로 우리를 인도하십니다. 둘째는 공적인 말 걸음입니다. 하나님은 당신의 백성을 세상으로부터(out of) 불러 내어 따로 모으십니다. 이것이 거룩한 교제(communio sanctorum)의 공동체인 교회입니다. 하나님은 그 공동체에 당신의 뜻을 알려주시는데 이것이 하나님의 공적인 말 걸음인 설교입니다.

　하나님은 이 설교를 인간에게 위임해 주셨습니다. 이러한 말씀 위임의 성경적 근거로는 예레미야 1장 9절(보라 내가 네 말을 네 입에 두었노라)과 누가복음 10장 16절(너희 말을 듣는 자는 곧 내 말을 듣는 것이요 너희를 저버리는 자는 곧 나를 저버리는 것이요)을 들 수 있습니다. 이렇게 말씀을 위임받은 설교자를 가리켜 설교학자인 제어파스(R. Zerfaß)는 '하나님을 투과시키는 자(Durchläßig für Gott)'라고 지칭하였습니다5).

　물론 하나님은 모든 사람들의 이야기 속에서 하나님을 이야기함을 통해 존재하지는 않습니다. 하나님은 인간의 인정 여부와 상관없이 존재하시는 분이십니다. 하나님이 인간에게 자신을 드러내시고 말을 거실 때에 사용하시는 방법은 인간과 인간의 언어입니다. 이런 맥락에서 하나님을 말하는 설교자는 하나님이 사용하시는 통로라 할 수 있습니다.

---

5). R. Zerfaß, Grundkurs Predigt I. Spruchpredigt, Patmos Verl. Düsseldorf, 1987, 3. Aufl. 1991, p. 19.

4. 설교는 반드시 있어야 하나요?

> 예배에 참석하기 위해 집을 나설 때 가장 먼저 떠오르는 것이 설교입니다. 오늘 설교의 주제와 메시지는 무엇일까를 생각하며 기대를 가지고 예배에 참석합니다. 수준 높은 성가대 찬양과 은혜로운 예배 분위기도 좋지만 유독 설교에 대한 기대를 하는 것은 우리 목사님의 말씀이 좋고 그 말씀을 바탕으로 한 주간을 살아간다는 나름대로의 신앙관 때문입니다.
>
> 하지만 제 지인은 설교 때문에 시험에 들었습니다. 설교가 지루하고 은혜가 안 되어 교회를 옮길 생각까지 하고 있었습니다. '차라리 설교만 없으면 좋겠다'는 푸념을 듣노라면 그런 생각도 한편으로 이해가 됩니다. 회중에게 은혜를 끼치지 못하는 설교라면 굳이 설교를 해야 하나요?

설교가 꼭 필요한가? 이 질문은 비단 오늘날 우리만의 고민은 아니지요. 독일 개신교의 최대 행사로 '교회의 날'(Kirche Tag)이 있습니다. 교회의 날은 독일 개신교회협회 주관으로 2년에 한 번씩 열리는 독일 최대 규모의 기독교 행사입니다. 1949년 2차 세계대전 패전 후 독일 사회가 직면한 혼란과 고통을 치유하기 위해 시작된 교회의 날은 동독과 서독으로 나뉘었던 분단 시절에도 중단되지 않고 동·서독이 단일 조직으로 행사를 개최함으로써 기독교적 가치가 독일 통일에 밑거름이 되는데 크게 이바지 했지요.

이 행사에서는 영성, 시사, 사회, 문화, 정치 등 다양한 주제와 함께 미술전시회, 음악회, 토크쇼 같은 다채로운 문화행사가 열립니다. 언젠가 이 행사에서 예배 문제를 다루었는데요, '설교를 예배에서 없앨 수 없는가?' 라는 문제가 진지하게 논의된 적이 있습니다. 예배 중 가장 지루하고 졸음이 오게 하며 교회에 오고 싶지 않게 만드는 것이 설교라는 것이지요. 그러니 설교 대신 사람들을 모을 수 있는 다른 프로그램으로 대치하면 어떨까? 하는 논의가

► 교회의 날 행사 장면

이루어진 것입니다.

설교에 사람을 모으는 기능이 있는 것은 사실입니다. 설교에 의해 교회가 일어서기도 하고 쓰러지기도 한다는 이야기는 설교가 신학과 질의 문제일 뿐 아니라 설교에는 교회를 성장시키는 기능이 포함되어 있다는 것을 의미합니다. 만일 사람을 모으기 위한 이유가 설교 존재의 첫 번째 이유라면 설교 대신 사람을 모을 수 있는 방법은 얼마든지 있을 겁니다. 지금도 푸짐한 상품을 걸어놓고 별로 유명하지도 않은 연예인을 초청해도 반응은 뜨거우니까요.

하지만 설교의 존재 이유는 사람을 모으는 것 이전의 차원입니다. 앞 장에서 이야기한 것처럼 전능하신 무한자 하나님은 유한자가 도달할 수 없는 감추어진 하나님(Deus Absconditus)이셨지요. 인간의 불가능성을 아신 하나님은 스스로 인간의 몸을 입으시고 자신을 계시하셨지요(Deus Revelatus). 그 하나님은 성령을 통해 시간과 공간을 초월하여 우리에게 말을 걸어오시고 우리를 인도하시는 분이십니다. '말을 거는 하나님'(Deus Loquens)은 우리 개개인의 삶을 인도하시고 각자에게 말을 걸어오십니다. 뿐만 아니라 세상으로부터 불러 모은 하나님의 사람들에게 공적으로 말을 걸어오십니다. 즉 당신의 뜻을 전해주기 위해 예배로 불러 모은 성도들에게 하나님은 설교를 통해 말을 걸어오십니다. 설교는 하나님의 공적인 말 걸음입니다! 설교자라는 말씀의 봉사자를 매개로 하는 '하나님의 일'이 설교입니다.

설교가 반드시 있어야 하는 이유는 이렇게도 설명할 수 있습니다. 하나님은 인간과 우주만물을 창조하신 분입니다. 인간이 하나님을 배반하였지만 그분은 우리에 대한 사랑을 놓지 않으셨습니다. 그래서 독생자 예수 그리스도를 우리에게 보내시어 속죄의 제물로 삼으시고 우리에게 구원의 길을 열어놓으셨습니다. 그리고 지금도 성령을 통해 우리의 삶을 안내하십니다.

성경에서 확인되는 이러한 사실들을 통해 하나님은 태초부터 지금까지 그의 피조세계에 말을 걸어오는 분이시고, 말씀을 통해 우리와 소통하고 관계 맺기를 원하시는 사랑의 하나님이심을 알게 됩니다.

중요한 것은 하나님과의 소통이 '말씀'으로 이루어진다는 점입니다. 말씀으로 천지를 창조하신 하나님은 하나님의 말씀(logos)이신 예수 그리스도를 우리에게 보내셨습니다. '믿음은 (말씀을) 들음에서 난다'는 로마서 말씀처럼 오늘날 우리가 하나님을 아버지로 고백하고 예수 그리스도를 구세주로 고백하는 믿음 역시 '말씀'을 들음에서 생겨납니다. 다시 말해 하나님은 말씀의 하나님이십니다. 말씀은 하나님이 우리에게 다가오는 방식이자 우리를 인도하고 안내하며 권고하는 방법입니다.

설교란 바로 하나님이 오늘 여기에서 하나님이 세상으로부터 불러 모은 하나님의 백성들에게 당신의 뜻을 밝히시는 하나님의 말씀입니다. 따라서 예배에서 설교를 없앤다는 것은 기독교의 정체성을 바꾸지 않는 한 불가능합니다.

5. 예배의 핵심이 설교인가요?

> 많은 분들이 오늘날 기독교의 예배가 하나님을 경외하는 사람들이 모여 경배를 드리는 본질을 벗어나 극히 설교 편향주의로 바뀌어 있다고 비판합니다. 사실 교회에 지각을 하여도 설교만 들으면 예배드린 것으로 착각하는 사람들이 적지 않습니다. 또 그날 예배를 통하여 무엇을 찬양 했는지 어떤 기도를 했는지는 전혀 기억조차 하지 못하고 중요하게 생각하지도 않습니다. 물론 찬송도 하고 기도도 하지만 어떻게 보면 찬송과 기도는 설교를 위한 들러리가 아닌가 싶을 정도로 예배의 중심에 서지 못하고 있어요. 오로지 설교에만 초점을 맞추고, 은혜를 받고 못 받는 기준도 설교만 가지고 따집니다. 하지만 예배는 설교를 듣는 것이 아니라 하나님을 경배하는 것이잖아요?
>
> 예배에는 설교만 있는 게 아니라 찬양과 기도, 성도의 교제 등 다양한 순서가 있습니다. 이 모든 것이 조화를 이룬 축복의 시간, 거룩한 체험의 시간이 바로 예배이지요. 경배의 모습이나 경건성은 상실한 채 설교에만 집중하는 예배가 과연 옳은 것인가요?

많은 분들이 이런 생각을 갖고 있어요. '여러 가지 순서들 가운데 왜 하필 설교 시간이 가장 긴 거야? 그것은 다른 순서와의 형평성에도 어긋나는 거 아닐까?' 아마도 이런 의견은 설교가 지루하고 졸리운 경우일수록 더 설득력을 얻을 것입니다.

이 질문에 대한 해답을 찾기 위해서는 먼저 기독교가 이해하는 예배에 대해 알아야 합니다. 흔히 영어로 예배를 worship이라고 합니다. 이 단어는 가치를 뜻하는 worth와 신분을 의미하는 ship이 합해져서 만들어진 합성어입니다. 즉 가치 있는 것을 받으실만한 분에게 드린다는 문자적 의미를 갖고 있지요. 하지만 이런 식의 이해에는 예배의 이니셔티브를 인간이 갖고 있다는, 즉 인간이 자신들의 필요에서 예배를 기획하고 시작한다는 개념이 깔려 있습니다. 그리고 정성을 다해 하나님께 우리의 마음과 뜻을 드린다는 의미를 강조하지요. 만일 이런 식으로 기독교의 예배를 이해한다면 이것은 기독교 예배의 본질을 심각하게 왜곡하는 것으로 그 옛날 우리 할머니들이 새벽 일찍 일어나 목욕재개하고 뒤뜰에서 정한수를 떠놓고 치성을 드리는 그것과 다를 바가 없습니다.

기독교 예배의 특성을 잘 나타내는 단어로는 예배를 뜻하는 독일어 고테스딘스트(Gottesdienst)를 들 수 있어요. 이 단어는 하나님(Gott)과 섬김, 봉사(Dienst)의 합성어입니다. 종교개혁자들은 이 단어를 통해 예배의 신학적 성격을 하나님이 먼저 시작하신 인간을 향한 하나님의 봉사(Dienst von Gottes)와 이에 대한 인간의 하나님에 대한 봉사(Dienst von Menschen an Gott)라는 두 가지 성격의 조합이라고 보았습니다.

이것은 기독교의 예배가 인간이 아닌 하나님이 먼저 당신의 사람들을 섬기기 위해(봉사하기 위해) 불러 모으셨음을 의미합니다. 여기 섬김, 봉사를 의미하는 딘스트(Dienst)는 과거 중세시대 농노들이 영주들에게 아침에 세숫물을 떠올 릴 때 무릎 꿇는 모습을 담고 있습니다. 하나님이 무릎 꿇고 우리를 섬긴다! 이 얼마나 놀라운 예배의 의미입니까?

종교개혁자들은 하나님의 봉사의 핵심 내용으로 '보이지 않는 하나님 말씀(unsichtbares Wort Gottes)'인 설교와 '보이는 하나님 말씀(sichtbares Wort Gottes)'인 성찬을 들었습니다. 이것을 통칭해 그들은 '하나님 말씀'(Gotteswort)라고 지칭했습니다. 이러한 하나님의 봉사에 대해 인간이 응답함으로써 '하나님을 봉사'하게 되는데 찬양(찬송)과 기도[6]가 하나님을 봉사하는 구체적인 내용입니다.

  따라서 기독교의 예배는 '순서의 조합'이 아니라 '성격의 조합'으로 보아야 합니다. 설교는 많은 순서 가운데 하나가 아니라 성찬과 함께 하나님이 우리를 향해 당신의 뜻을 알려주시는 하나님의 봉사 행위입니다.[7] 그러기에 하나님이 시작하신 예배에 하나님이 설교자를 통해 행하시는 하나님의 말씀이 중심을 이루는 것은 지극히 당연합니다.

  물론 종교개혁자들이 이해한 하나님 말씀인 설교와 성찬이 한국 교회에서 설교로만 이해되는 것은 바람직하지 않고 반드시 시정될 필요가 있습니다. 하지만 하나님의 말씀이 중심이 된다고 해서 예배가 성경적이고 역사적인 뿌리를 잃어버려도 된다는 의미는 결코 아닙니다. 현대 예배학의 거장인 로버트 웨버(Robert E. Webber)가 밝힌 것처럼 예배는 사람들을 집합시키기, 하나님의 말씀을 듣고 반응하기, 기념하고 감사하기, 주님을 사랑하고 섬기기 위해서 나아가기라는 네 가지 요소를 가져야 합니다. 또 종교적인 의식

---

6) 기도가 하나님을 봉사하는 것이라는 주장은 언뜻 이해하기 힘들 수 있습니다. 왜냐하면 우리는 기도를 '간구'로만 생각하기 때문입니다. 하지만 기독교의 기도는 훨씬 포괄적인 의미를 담고 있습니다. 기도의 핵심적인 구성 요소로는 하나님의 위대하심에 대한 찬양(adoration), 죄인됨에 대한 고백(confession), 그럼에도 베풀어주신 은혜와 사랑에 대한 감사(thanks), 그리고 소원을 아뢰는 간구(supplication) 등 네 가지가 있습니다. 이 요소들을 염두에 둔다면 기도가 하나님을 봉사하는 것이라는 개혁자들의 주장에 공감이 가실 것입니다.

7) 한국 교회에서 성찬은 많은 경우 일 년에 한두 번 치러지는 '특별 행사'가 되고 있습니다. 이것은 긴 역사를 가지고 있습니다. 하나는 신학적 이유로 칼빈이 스위스 시의회와 성찬 문제로 갈등을 겪으면서 채택한 것이 취리히의 종교개혁자인 츠빙글리의 입장입니다. 그는 반가톨릭 정서가 심했는데 '성찬을 계속할 것인가 중단할 것인가?(Aktion oder Bruch des Nachtsmahls)'라는 글을 통해 일 년에 네 차례 성찬을 주장하고 시행했는데 제네바 교회가 이를 채택한 것입니다. 이러한 개혁교회의 전통은 유럽 개신교에도 영향을 미치게 되었고 특히, 장로교가 다수를 이루는 우리나라에서는 예배의 틀로 굳어지게 되었습니다.

(Ritus)이 회중의 종교성을 자극하기에 성경과 전통을 기반으로 하는 예배의식의 강화도 필요합니다. 하지만 이 모든 노력에서 잊지 말아야 할 사실은 모든 예배의 중심이 그리스도이어야 한다는 점입니다.

▶ 로버트 웨버

로버트 웨버가 옳게 지적한 것처럼 "예배란 성자께서 성취하신 구속 사역으로서 성부께 찬양하고, 말씀과 주의 만찬을 통해 이 사역을 재연하는 것이며 예배의 목적은 예수 그리스도의 탄생, 삶, 죽음, 부활, 그리고 궁극적 성취"[8]입니다. 따라서 우리는 예배의 대상이 그리스도이시고, 예배의 내용이 그리스도의 이야기이고, 기독교 예배에서 선포되는 말씀이 우리의 주님이자 구원자인 예수 그리스도이며 우리의 찬양 역시 그리스도의 보혈이라는 사실을 잊지 말아야 합니다.[9]

---

8) Robert E. Webber, *Worship Old and New*, 정장복 역 『예배의 역사와 신학』 (서울: 한국 장로교 출판사, 1988; 1992 4쇄), p. 19.

9) Constance M. Cherry, *The Worship Architect*, 양명호 역, 『예배 건축가』, (서울: CLC, 2015), p. 6.

6. 설교와 성만찬은 어떤 관계인가요?

> 가끔 가톨릭교회의 미사를 참석해 보면 신부님의 강론이 있고 난 뒤 반드시 성만찬이 거행됩니다. 간혹 저희 동네 성당에서 미사에 참석하다 보면 강론 시간에 남자들이 밖으로 나가는 것을 보게 됩니다. 그 이유는 잘 알 수 없지요. 강론에 큰 의미를 부여하지 않아서 일수도 있고 또 강론이 재미없어서 일수도 있습니다. 사실 제가 들어본 어느 설교도 신부의 강론보다는 나았으니까요. 하지만 성만찬이 시작되면 밖에 나갔던 사람들이 슬그머니 들어옵니다. 담배냄새를 풍기는 것으로 보아 아마 강론시간에 밖에서 담배를 피운 것 같아요. 어쨌든 제가 참석한 모든 미사에는 성만찬이 꼭 있었습니다. 천주교 신자들은 성만찬에 참여해야 미사를 드린 것이라고 믿고 있더라고요.
>
> 하지만 제가 나가는 교회는 거의 성만찬을 거행하지 않습니다. 10여 년 전에는 일 년에 한번 그것도 부활 주일에 성만찬을 거행했습니다. 담임 목사님이 바뀐 요즘은 한 달에 한번 성만찬을 거행합니다. 하지만 성도들 반응은 별로 좋지 않은 듯해요. 바빠 죽겠는데 무슨 성만찬이냐 하는 볼멘소리를 직접 듣기도 했으니까요. 성만찬을 두고 전혀 다른 양상이 벌어지는 것을 어떻게 보아야 하나요?

독일에서 탄생한 루터란 교회는 모든 예배에 성만찬을 거행하지만 대부분의 교회는 그렇지 않습니다. 요즘은 기독교의 예식 운동으로 인식이 달라져서 한 달에 한번 혹은 분기마다 성만찬을 거행하는 교회가 늘어나고 있지만 여전히 많은 교회에서는 성만찬을 연례행사처럼 취급합니다. 원래 종교개혁자들은 설교와 성찬을 '하나님의 말씀'(Gottes Wort)으로 이해했습니다. 설교를 보이지 않는 하나님 말씀(unsichtbares Wort Gottes)으로, 성만찬을 보이는 하나님 말씀(sichtbares Wort Gottes)으로 이해하였습니다. 그러면서 보이지 않는 말씀은 보이는 말씀에 의해 보완되어야 한다고 생각했습니다. 그러니까 '하나님 말씀'은 종교개혁자들에게 있어 설교와 성찬 두 가지를 어우르는 개념입니다.

하지만 모든 종교개혁자들이 이런 생각에 동의한 것은 아니지요. 특히 스위스 취리히의 종교개혁을 이끌었던 츠빙글리(Ulrich Zwingli, 1484-1531)는 반가톨릭 정서가 강했습니다. 그는 1524년 6월 20일 가톨릭교회의 예배를 완전히 폐지시켰습니다. 인부들을 동원해서 취리히 교회의 그림, 십자가상, 제단 및 촛대 그리고 모든 예배 기구를 철거시켰고, 벽에 그려진 프레스코화를 지워버리고 그 위에 흰 도료를 칠해 버렸습니다. 심지어 오르간도 치워버리고 성가대가 라틴어로 찬송하는 것도 금지시켰습니다.10)

또 그는 성만찬을 하나님의 구원의 선물로 이해하고 인정하는 교리를 비판하였습니다.11) 그리스도는 이 지구상에 계신 것이 아니라 하늘에 계시므로 그분이 떡과 함께 있다는 것은 미신이며, 그리스도인은 성찬을 통해 그리스도와의 영적인 교제를 가질 뿐이며 단지 상징일 뿐이라고 주장하였습니다.

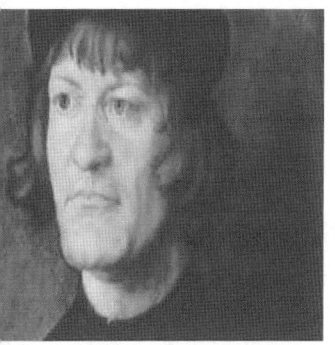

▶울리히 츠빙글리

츠빙글리는 로마 교회의 성만찬을 폐지하고 복음 선포와 전 성도가 참여하는 애찬식

---

10) Philip Schaff, *History of the Christian Church*, Vol. VIII. (Grand Rapids, Mich.: erdmans Co., 1984), p. 58.

11) Stephens, W. Peter, *The Theology of Huldrych Zwingli*, (Oxford: Dxford University Press, 1986), pp. 218-219.

(Agape. 초기 기독교의 회식)에 가까운 성찬식을 1525년 4월 고난주간에 그로스뮌스터에서 거행하였지요. 성찬식에서 참여자들은 남자는 오른 편 여자는 왼편으로 성찬대에 둘러앉아 기도와 성찬 제정의 말씀, 고전 11장과 요 6장에서 발취한 말씀들의 낭독과 사역자의 권고를 들은 후 나무접시와 나무 컵에 담긴 떡과 포도주를 무릎을 꿇은 자세로 받습니다.12) 이런 성찬식을 츠빙글리는 일 년에 네 차례 즉 성탄절, 부활절, 오순절 그리고 가을에 거행하도록 했지요.13)

한편 성만찬에 대한 존 칼빈의 입장은 그의 『기독교강요 IV권』 17장에 잘 나와 있어요. 그는 성만찬을 '독생자의 손을 거쳐 그의 교회에 모인 성도들에게 성례 영적 잔치를 열어 주시고, 이 잔치에서 그리스도께서 자신이 생명을 주는 떡임을 확증하시며, 이 떡을 성도들의 영혼이 먹음으로써 진정하고 복된 영생을 얻게 하신 것'(요 6 : 51)으로 정의합니다.14) 그는 떡과 포도주를 '우리가 그리스도의 살과 피에서 받는 보이지 않는 양식을 상징'15)하는 것으로 이해하며 '그것을 먹는 우리는 영생을 얻을 것이라고 (요 6 : 54) 선언하신 그 약속을 확인하는 것이 성찬의 가장 중요한 기능'16)으로 간주하지요.

하지만 칼빈은 "나의 지성으로는 이 신비를 충분히 이해할 수 없다는 것을 안다. 그러므로 나는 아무도 이 신비의 숭고함을 나의 유치한 척도로 헤아려서는 안 된다는 것을 기꺼이 인정한다."17)고 밝히며 성만찬이 성령의 역사를 통한 영적 임재를 주장합니다.18) 존 칼빈은

---

12) William D. Maxwell, *A History of Christian Worship: An dyrOutline of its Development and Forms*, (Grand Rapids, Mich.: Baker Book House, 1982), p. 82-87.

13) Ulrich Gaebler, *Huldrych Zwingl: Eine Einfuehrung in sein Leben und sein Werk*, (Muenchen: C.F. Beck, 1983), p. 98.

14) 존 칼빈, 『기독교 강요 IV』. 17.1.

15) Ibid.

16) 존 칼빈, 『기독교 강요 IV』. 17. 4.

17) 존 칼빈, 『기독교 강요 IV』. 17. 7.

18) 존 칼빈, 『기독교 강요 IV』. 17. 26.

성찬의 형식은 자유롭게 하되 자주 집행할 것과19) 떡과 포도주 모두를 모든 이들에게 분병, 분잔할 것을 권면합니다.20) 그러나 일 년에 한 차례만 성찬에 참여하는 것은 반대합니다.21) 제네바의 개혁을 위해 시의회에 제출한 개혁문건에 의하면 존 칼빈은 매주 성찬을 시행할 것을 제안하였습니다만, 제네바 시의회는 성찬을 일 년에 네 차례만 거행할 것을 주장하여 결국 칼빈도 이 안을 받아들이게 되지요.

한편 영국의 메리 1세 시절 발생한 개신교 피난민들을 1555년부터 제네바에 수용하면서 존 녹스나 윌리엄 위팅햄 등의 유명한 개혁교회 지도자들도 이 때 제네바에 들어오게 되는데, 이는 칼빈의 교리가 영국과 스코틀랜드에 전파되는 계기가 되지요.22) 스코틀랜드 장로교회의 경우 처음에는 매달 성찬식을 거행했지만 시간이 흐르면서 석 달에 한 번 하다가, 18세기에 이르러서는 1년에 한 번 거행하는 것으로 점점 축소되어 갔습니다.

우리나라는 장로교회의 교세가 가장 강한데 성만찬 시행은 신학적인 이유 이전에 상황적으로 자주 할 수 없었지요. 언더우드와 아펜젤러가 1885년 4월에 입국했는데 같은 해 6월 28일에 헤론과 스크랜턴이 알렌 내외와 함께 처음 예배를 드리고, 1886년 7월 23일에 공식적으로 한국 정부에 통보하고 공관 안에서 영국, 미국 사람들이 모여 예배를 드렸습니다. 성찬예전이 최초로 집행된 것은 1885년 10월 11일로 해군 장교 세 사람을 포함한 12명이 참석하였지만 한국인은 없었습니다. 이후 1887년 9월 새문안 장로교회가 세워지는데 창립예배 시에도 성찬예전이 이루어지지 않았어요.

우리나라 교인이 처음으로 성찬예전에 참예한 것은 새문안교회가 세워진 후 3개월이 지난 1887년 12월 성탄절에 언더우드

---

19) 존 칼빈, 『기독교 강요 IV』. 17. 43, 44.
20) 존 칼빈, 『기독교 강요 IV』. 17. 47-50.
21) 존 칼빈, 『기독교 강요 IV』. 17. 46.
22) Parker, T. H. L., *John Calvin: A Biography*, (Oxford: Lion Hudson plc, 2006), p. 70-72.

▶호레스트 언더우드

(Horace Grant Underwood 1859-1916) 목사의 집에서였습니다. 복음이 들어온 지 3년 8개월, 그리고 성경이 한글로 번역된 지 5년이 지나서야 비로소 한국인이 참여하는 성찬예전이 이루어진 것이지요. 그 역사적인 날의 예전에는 선교사를 포함하여 단 7명만이 참석하였을 뿐입니다.[23]

이처럼 성찬예전이 소홀하게 된 배경에는 초기 선교사들의 영향을 들 수 있습니다. 당시 미국에서 영향력 있는 교파로는 회중교회와 장로교를 들 수 있는데, 이 두 교파는 칼빈주의적 신학에 청교도적 예배를 지향했습니다. 이밖에 침례교, 감리교도 어떤 고정된 예배순서를 배격하였습니다. 미국 개척시대의 예배가 설교 중심에 즉흥적이었고 탈 의식적이었으며 성직자의 부족으로 성찬 예식을 자주 하지 못하였는데 이것이 하나의 전통처럼 고착되어 버린 것이지요. 이러한 전통 속에서 성장한 선교사들이 한국에 와서 성찬에 대해 크게 강조하지 않은 것은 당연한 것이었습니다.

그러니까 오래 전 스위스 개혁교회와 영국의 장로교회 그리고 미국의 개척시대 교회의 전통들이 모두 성만찬에 대해 크게 비중을 두지 않았었고, 이것이 한국에도 영향을 미쳤다고 보면 될 것입니다. 하지만 종교개혁자들의 신앙처럼 하나님 말씀으로서의 성만찬과 설교는 함께 강조되는 것이 바람직합니다. 왜냐하면 이 두 가지가 공히 하나님의 말씀이기 때문입니다.

---

23) '새문안교회 역사 이야기'
 http://www.saemoonan.org/church/Sub_02_01.aspx.

7. 설교에는 어떤 기능이 있나요?

> 요즘 교인들을 보면 1주일에 한번 정도 교회에 나갑니다. 저도 삶이라는 전쟁터에서 고군분투하다보니 주일 예배만 참석하는 게 다반사입니다. 그러다 보니 교회에서 제공하는 성경공부나 교리 교육에도 참석하지 못합니다. 그래서인지 설교에 대한 기대가 큽니다. 아마 다양한 프로그램 제공이 어려운 작은 규모의 교회의 경우 더욱 주일 설교의 비중이 커지겠지요. 이것이 결코 바람직한 현상은 아니지만 피할 수 없는 현실인 것 또한 사실입니다. 그렇다면 설교의 기능과 역할은 매우 중대할 수밖에 없겠지요?

교회가 가진 다양한 기능을 생각했을 때 교회의 사역이 예배나 설교에 집중된다는 것은 결코 바람직한 현상이라고 할 수 없습니다. 하나님 말씀의 대언으로서의 설교는 교회의 모든 사역의 구심점일 뿐 그 자체가 사역을 대체하는 것은 아닙니다. 하지만 많은 교회에서 다양한 사역이 사라지고 지침으로서의 설교만 남는다면 이것은 매우 안타까운 현상입니다. 교회 사역의 조화와 균형을 되찾는 노력이 매우 절실합니다.

설교에는 매우 다양한 기능이 담겨져 있습니다.[24] 첫째, 설교에는 선포의 기능(kerygma, proclamation)이 있습니다. 즉 하나님께서 예수 그리스도를 통해 우리에게 행하신 구원에의 사역을 선포함으로써 회중으로 하여금 믿음의 결단을 촉구하게 하는 것은 설교의 가장 중요하고 기본적인 기능이라 할 수 있지요.

---

[24] 설교의 기능에 관하여는 다음의 책을 참조하세요. Grady H. Davis, *Design for Preaching*, (Philadelphia: Fortress Press, 1958). John Killinger, *Fundamentals of Preaching*, (Philadelphia: Fortress Press, 1985) Thomas G. Long, *The Witness of Preaching*,((Louisville: Westminster/John Knox Press, 1989). Ernst Lange, *Predigt als Beruf*, Muenchen, 1976, 2. Aufl., 1987.

둘째는 가르침(didache, teaching)의 기능입니다. 설교는 '올바른 믿음이 무엇인가?'에 대한 교의적 가르침과 '성도는 어떻게 살아야 하는가?'에 대한 것은 윤리적, 도덕적 가르침과 직접적인 연관을 맺고 있습니다.

셋째, 설교에는 위로(parakleisis)의 기능이 있습니다. 위로는 위안, 격려, 권면으로 바꿔 쓸 수 있는데 성도들이 하나님의 은혜와 성령의 인도하심을 믿고 세상 속에서 어떤 고난이 닥치더라도 실망하거나 좌절하지 말고 위대한 믿음의 용기와 열정을 가지고 살아가도록 격려하는 것입니다.

넷째, 설교에는 회상(anamnesis, remembrance)의 기능이 있습니다. 설교는 성경에 기록된 하나님의 구원의 역사와 신앙선조들의 믿음의 삶을 회상하고 기억하게 함으로써 성도들의 신앙 동질감을 강화시켜 주고 믿음에 대한 확신을 갖게 하는 기능을 수행합니다.

다섯 째, 설교는 축복(makarism, blessing)의 기능을 갖습니다. 설교는 하나님의 선하심과 성도에게 베풀어주시는 하나님의 은혜를 기뻐하는 기회입니다. 설교는 하나님에 대한 송축과 하나님이 주시는 복받음을 누리게 되는 기쁨과 환희를 고무시키는 기능을 갖습니다. 최근 미국의 조엘 오스틴 목사처럼 '예수 믿으면 복 받는다'는 소위 '번영신앙' 일변도로 설교하는 것은 바람직하지 않지만 그렇다고 복을 주시는 하나님을 생략하는 것은 더 비복음적입니다.

여섯째, 설교에는 예언(propheteia, prophecy)의 기능이 있습니다. 설교는 인간의 역사를 주관하고 계시며 종말에 있을 선악에 대한 하나님의 심판에 예민해야 합니다. 이를 위해 죄의 문제를 지적하고 회개를 촉구하는 것은 당연합니다. 이러한 촉구는 죄책감을 조장하려는 것이 아니라 공의와 사랑의 하나님 앞에 성도를 온전히 세우도록 돕고자 함이지요.

일곱째, 설교는 지혜(sophia, wisdom)의 기능을 갖습니다. 설교는 회중들로 하여금 개인적이고 사회적인 관계 속에서 어떻게 하나님의 뜻을 실천하며 개인과 공동체에 유익이 될 수 있는가에 대한 성경적인 지혜를 제공해야 합니다.

여덟째, 설교에는 연결(Vermittlung)의 기능이 있습니다. 기독교 신앙의 본질을 담고 있는 성서는 오늘의 현실 속에서 해석되어 넣어져야 합니다. 이것은 기독교의 진리를 오늘날의 시대와 연결시키는 것이며 영원한 것과 유한한 것을 결합하는 작업이라 할 수 있습니다.

아홉째, 설교에는 목회적(ministry) 기능이 있습니다. 존 칼빈이 말한 것처럼 설교는 일주일에 한 번씩 열리는 학교입니다. 목회자인 설교자는 이 기회를 통해 자신의 목회에 대한 계획을 실행해 나갈 수 있습니다. 성경적인 목회의 철학과 목표설정 그리고 체계적이고 구체적인 실천 계획을 수립하여 설교를 통해 전달하고 추진하는 것이야말로 행복한 목회의 첩경이라 할 수 있지요.

►존 칼빈(Jean Calvin)

8. 설교가 사람을 변화시킬 수 있나요?

> 한국의 '무디'로 일컬어지는 이성봉 목사님은 부흥사로 유명한 분입니다. 언젠가 그분에 대해 연구한 글을 읽었는데, 이성봉 목사님의 부흥회에서 설교에 은혜를 받고 인생의 가치관이 변하여 목회자가 된 분들이 상당히 많다는 것을 알고 놀랐습니다. 반대로 적지 않은 목사님들은 오랫동안 설교를 들은 많은 성도들이 설교에 대해 은혜를 받았다고 말하면서도 정작 변하는 게 없는 것 같아 설교가 인간을 변화시킨다는 것에 대해 회의적이기도 합니다.
> 설교가 사람의 성품과 나아가 인생까지 바꿀 수가 있을까요? 그것이 가능하다면 그것은 설교자의 능력인가요? 아니면 보이지 않는 신의 능력에 의해서인가요?

설교를 통해 사람이 변화된다는 것은 새삼스런 이야기가 아닙니다. 하지만 그 변화가 설교자의 어떤 능력에 의한 것은 아닙니다. 인간은 인간을 변화시킬 수 없습니다. 소위 능력의 종이라고 일컬어지는 설교자들도 그 자체로 인간을 변화시키는 능력의 소유자가 아닙니다. 설교자는 단지 성령의 도구일 뿐입니다. 엄밀히 말해 설교에서 일어나는 모든 역사는 성령 하나님으로 말미암습니다. 이런 맥락에서 설교와 성령은 밀접한 연관이 있습니다. 만일 이 연관 관계가 부정된다면 설교는 어떤 '사건'도 될 수 없고 단순히 인간의 연설로 추락할 뿐입니다. 설교는 근본적으로 성령의 사역으로, 모든 말씀사역은 성령으로 시작되어 성령으로 마칩니다. 말씀은 성령의 감동으로 기록되었으며 성령으로 해석되며 성령으로 선포되어집니다.

하나님의 모든 역사는 말씀을 통하여 이루어지는데, 성령은 말씀사역에 보조적인 역할이 아니라 중심적인 역할을 하십니다. 그 이유는 다음과 같습니다.

첫째, 설교는 영적 전쟁입니다. 성경은 그리스도인이 본질적으로 영적인 전쟁 하에 있다고 선언하는데 말씀 사역 역시 마찬가지이지요.(엡 6:2) 사람들이 복음을 거절하고 여전히 불신자로 살아가는 것은 기독교 진리에 대한 이해가 부족하거나 무지의 문제가 아니라 "이 세상 신이 믿지 아니하는 자들의 마음을 혼미케 하여 그리스도의 영광의 복음의 광채가 비치지 못하게 하려 하기 때문(고전 4:4)"입니다.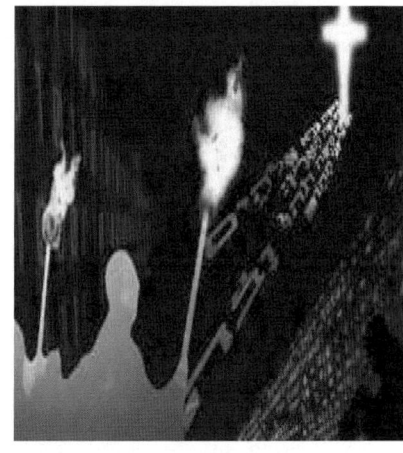

설교를 영적인 싸움이 수반되는 긴박한 영의 일로 생각하지 않는 설교자들은 설교에 있어서 하나님이 능력을 부어 주셔야 할 필요성에 대해서도 그다지 절박하지 않을 수 있습니다. 래티머(H. Latimer)는 이 문제를 다음과 같이 말했습니다.

"이제 나는 여러분에게 한 가지 생소한 질문을 하려고 합니다. 영국 전역에서 각자의 맡겨진 직무를 수행함에 있어 다른 모든 사람들을 능가하는 가장 부지런한 주교이자 좋은 성직자는 누구라고 생각합니까? 나는 그를 잘 알기 때문에 그가 누구인지 말 할 수 있습니다. 그는 사탄입니다. 그는 다른 모든 설교자들보다 훨씬 더 부지런합니다. 그는 결코 자기에게 맡겨진 교구를 떠나지 않습니다. 여러분은 결코 일하지 않고 빈둥거리는 그를 보지 못할 것입니다. 사탄이 거주하면서 경작하는 곳에서는 책들이 치워지고 대신에 촛불이 세워지며, 성경이 치워지는 대신에 염주알이 채워지며 복음의 빛이 사라지고 대신에 촛불의 빛이 밝혀집니다. 영국에서는 사탄만큼 부지런한 설교자가 결코 없습니다."

둘째, 성령은 설교자를 설교자 되게 하십니다. 성경과 교회사를 통해 분명해지는 것은 설교자의 탄생은 성령의 강한 부르심과 밀접한 연관이 있다는 것이지요. 베드로가 설교자가 된 사건이나 스데반의 명설교(행7:1-60) 바울의 경우(행 9: 17, 19)가 여기에 해당됩니다. 또 교회사를 보면 위대한 설교자들은 하나같이 성령의

능력 안에 있던 자들입니다. 어거스틴과 사보나롤라, 루터, 웨슬리, 휫필드와 무디, 브룩스 등이 성령이 주시는 능력으로 사역한 자들입니다.

셋째, 성령께서 설교에 개입하십니다. 설교를 준비하는 목사에게 제일 어려운 것은 말씀의 영감을 받는 일이지요. 현대에는 과거에 비해 여건이 좋아져서 교회에 내실 외에 서재가 따로 있기도 합니다. 어떤 목사님은 토요일이면 아예 기도원에 가서 핸드폰도 꺼놓고 외부와 차단된 환경에서 깊은 묵상으로 말씀의 영감을 받고 설교 준비를 합니다. 그러나 이런 여건 속에서도 말씀의 영감을 받기란 그리 쉬운 일이 아닙니다. 성령과의 교감에 실패하게 되면 아무리 힘을 다하여 외쳐도 말씀이 교인들에게 들어가는 것이 아니고 툭툭 튕겨 나와 설교자는 말할 수 없는 스트레스를 받게 됩니다.

하지만 설교를 위한 간절함으로 기도와 묵상에 임할 때 성령의 영감이 옵니다. 이 영감에서 받은 메시지로 설교 준비를 해서 말씀을 전하면 설교자의 입에서 나오는 말씀은 '잘 박히는 못'과 같이 성도들의 심령 속 깊이 꽂히는 것을 느끼게 되지요. 나아가 설교자가 성령의 감동 속에서 최선의 준비를 다하고 강단에서 설교(preaching)를 할 때도 역시 성령의 감동이 있어야 합니다. 강단 밑에서의 철저한 준비와 더불어 강단 위에서의 성령의 기름 부으심이 있어야 합니다. 가령 사도행전에 나오는 베드로의 설교는 한결같이 성령의 충만과 감동이 있는 설교였습니다. 특히 구체적 표현이 된 사도행전 4장 8절 "이에 베드로가 성령이 충만하여 이르되 백성의 관리들과 장로들아", 10장 44절 "베드로가 이 말을 할 때에 성령이 말씀 듣는 모든 사람에게 내려오시니" 그리고 스데반의 설교도 그러했지요. 6장 8절 "스데반이 은혜와 권능이 충만하여 큰 기사와 표적을 민간에게 행하니", 6장 10절 "스데반이 지혜와 성령으로 말함을 그들이 능히 당하지 못하여."

이밖에 바울의 설교 역시 성령의 감동으로 한 말씀들입니다. 행 16장 14절 "두아디라 시에 있는 자색 옷감 장사로서 하나님을 섬기는 루디아라는 한 여자가 말을 듣고 있을 때 주께서 그 마음을 열어 바울의 말을 따르게 하신지라"에서 주께서, 곧 성령께서 말씀을 듣는 루디아의 마음을 여시고 바울의 말을 청종하게 했음을 알 수 있습니다. 이처럼 강단에서 설교자가 성경을 설교할 때 성령 하나님은 신자의 심령 속에 내면적인 증거자로 선포된 말씀과 함께 일하십니다. 성령이 선포되는 말씀에 깨달음과 성취의 빛을 비춰 주시기에 청중들에게는 강단에서 선포되는 말씀을 통해 하나님의 음성을 들으며 그 말씀이 의도한 효력이 나타날 수 있는 것이지요.

적지 않은 설교자들이 설교의 효능에 회의적인 게 사실입니다. 하지만 두 가지를 분명히 해야 합니다. 첫째, 설교자 즉 인간이 인간을 변화시킬 수 없습니다. 변화시키는 분은 오직 성령이시고 설교자는 단지 통로요 도구일 뿐입니다. 간혹 성령께서 신비한 방법으로 변화를 가져오기도 하지만 대개는 준비된 설교자를 통해 역사하십니다.

둘째, 변화는 누룩 같아서 보이지 않지만 주님의 말씀이 살아있는 한 반드시 변화됩니다. 눈에 확연하게 보이는 변화 혹은 손바닥 뒤집듯 순식간에 급격한 변화도 없지는 않지만 대부분의 경우 성도의 변화는 서서히 이루어집니다. 목회가 단거리 경주가 아니듯 성도의 변화 역시 조급하지 않으면 반드시 확인할 수 있습니다.

9. 설교를 평가할 수 있나요?

> 예배가 끝나고 성도들끼리 대화를 나누다 보면 약방의 감초처럼 등장하는 것이 목사님 설교입니다. 은혜 받은 내용이라면 별 문제가 되지 않지만, 대부분은 설교를 씹는(?) 설교 비판이지요. 한편으로는 이런 행위가 두렵기도 한데 가끔 신문지상에 신학자들의 설교비평이 실리기도 해서 더욱 헷갈립니다.
> 하나님의 말씀인 설교를 오징어 씹듯(?) 해서는 안되겠지만 평가나 비평조차 허용이 안되는 것인가요? 설교를 신성불가침의 영역으로 여겨서 비평이 제한된다면 오히려 발전에 저해가 되지 않나요?

언제인가부터 '설교비평'이 한국교회에 흥미로운 화두로 등장하기 시작했습니다. 처음에는 칭송과 헌사 수준이었어요. 한순진이 편저한 『왜 청중들은 그들의 설교에 매료되는가?』라는 책에서는 한국 강단의 유명한 설교자들의 설교를 분석하고 능력 있는 설교, 능력 있는 사역을 하는 분들의 설교를 요약하였고,[25] 25인의 설교자를 연구한 이근미의 『사랑이 너희를 자유케 하리라』 역시 설교자들의 긍정적인 면을 부각시키고 있어요.[26]

또 다른 경향으로는 각기 다른 신학적 분야에서 설교자를 조명하는 연구가 진행되어 왔는데요, 가령 한국교회사학연구원이 1995년부터 연구를 시작하여 2000년에 출간한 『한국교회 설교가 연구』가 대표적이지요. 실천신학자에 의한 설교자 연구의 물꼬를 튼 것은 1997년에 발간된 정장복 교수의 『설교의 분석과 비평』인데요, 여기서는 설교자의 장단점을 균형 있게 다루고 있지요. 하지만 이런 시도들은 세간의 주목을 끌지 못한 채 신학자들의 연구 차원에 머물고

---

25) 한순진(편), 『왜 청중들은 그들의 설교에 매료되는가?』(서울: 베드로서원, 2000), p. 6.
26) 이근미(편), 『사랑이 너희를 자유케 하리라』 (우리 시대 최고의 목사 25인의 영혼을 울리는 설교)(서울: 월간조선사, 2002).

말았어요.

설교비평이 한국교회의 화두로 본격적으로 등장한 계기는 월간 「기독교 사상」이 2004년 9월 18일 주최한 '한국교회 설교를 말한다'라는 주제의 설교 비평 심포지엄입니다. 유경재 목사(안동교회 원로목사)는 설교비평을 시작하며 '실존과 역사의 언저리에 서서'라는 글을 통해 현 한국교회 설교가 '신학의 부재', '잘못된 교회론', '역사의식의 결여'라는 문제점을 안고 있음을 역설하면서 "이번 심포지엄을 통해 설교의 문제점을 짚으면서 21세기 한국교회 강단의 변화를 촉구하고자 한다."라고 밝혔어요.27) 이런 기조 하에 8명의 신학자가 참가하여 조용기, 옥한흠, 하용조, 이동원, 김진홍 등 당시 지명도 높은 설교자들의 설교에서 문제가 있는 부분 위주로 비평을 했습니다.

이 심포지엄에 설교학자가 한 사람도 포함되지 않은 것은 아쉬운 부분이 아닐 수 없어요. 이 심포지엄의 원고가 책으로 출판되어 세간에 알려지고 뒤이어 월간 「기독교 사상」이 '한국교회 설교를 말한다'라는 특집을 통해 한국교회 설교자들의 설교를 집중적으로 비평하기 시작하면서 설교비평이 한국교회의 화두가 된 것이지요.

하지만 설교비평이 '설교 비난'의 경향을 띠면서 많은 문제가 발생했습니다. 그동안 설교에 대해 침묵해야 했던 일반 성도들 중에는 카타르시스적인 시원함을 느끼는 분이 있는 반면 어떻게 설교에 대해 무자비한 칼을 휘두를 수 있는가라며 못마땅해 하는 분도 있었어요. 설교자들도 정성어린 채찍으로 수용하는 부류가 있는 반면 설교비평의 독단적 기준에 분노하는 설교자도 있었지요. 이런 문제들을 지켜보면서 설교 전공자들의 모임인 한국설교학회에서는 전공자로서 이 문제에 책임 있는 대안제시가 필요하다는 판단 하에 2018년 10월 '한국교회를 위한 설교 비평'이라는 주제로 가을 학회를 개최하였습니다.

---

27) 유경재 외 8인, 『한국 교회 16인의 설교를 말한다』, (서울: 대한기독교서회, 2004), '실존과 역사의 언저리에서' pp. 11-20.

　종교개혁을 통해 '하나님 말씀의 설교는 하나님 말씀'(praedicatio verbi dei est verbum dei)이라고 선언한 이래 설교가 개신교 예배의 핵심으로, 또 신성불가침의 영역으로 인정되어 왔음을 염두에 둔다면 설교비평은 대단히 당혹스런 사건(!)이 아닐 수 없지요. 경건한 신앙을 가진 분일수록 설교에 비평이라는 단어를 쓰는 것 자체를 불편해 할 것이니까요.

　그러나 비평이라는 거창한 단어를 붙이지 않더라도 또 신학자들을 거론하지 않더라도 설교는 성도들 사이에서 이렇게 저렇게 평가되어온 게 사실입니다. 예배가 끝난 후 성도들 간에 설교를 놓고 설왕설래 하는 것이나 교역자를 청빙할 때 설교가 심사 항목에 들어가는 것도 소극적인 의미에서의 설교비평이지요. 서구 교회들이 '설교위원회'를 구성하여 매주일 담임목사의 설교를 평가하고 제안하는 시스템을 운영함으로써 말씀의 건강화를 꾀하는 것 역시 경위야 어쨌든 설교에 '손'을 대는 것 아닌가요?

　사실 설교는 신학자 칼 바르트의 표현처럼 하나님이 공적으로 인간에게 말을 걸어오는 하나님의 봉사행위라는 신적 차원과, 설교자의 말을 통한 전달이라는 인간적 차원으로 이루어져 있습니다. 즉 설교란 하나님 말씀이 설교자라는 '도구'를 통해 회중에게 전달되는 '사건'이지요. 설교에서 하나님의 임재하심과 역사하심에 대해 우리 인간들이 손댈 수 있는 여지와 능력은 일체 없습니다. 만일 설교를 평가하고 비평할 수 있다면 그것은 설교가 가진 인간적 차원에 해당됩니다.

　개신교에서 설교가 차지하는 비중이 절대적이라는 것은 그만큼 설교의 역기능과 그림자도 클 수 있다는 역설을 내포하는 것이지요. 자칫하면 설교자가 자신의 말을 하나님 말씀과 동일시하는 전제군주로 전락할 수 있습니다. 이미 존 칼빈이 이런 위험성을 간파하고 철저히 '말씀의 증언자'로서 기능할 것을 당부하지 않았던

가요? 설교가 가진 '회중을 온전히 세워야 하는 기능'과, 설교자 역시 회중과 함께 설교를 '사건'으로 만드는 '하나의 구성요인'임을 염두에 둔다면 붓 가는 대로 쓰는 수필처럼 설교자의 독단에 대해 수수방관하는 태도는 바람직하지 못합니다. 이런 맥락에서 설교는 평가와 비평의 대상이 될 수밖에 없습니다.

이와 관련하여 설교 비평의 당위성에 대한 루돌프 보렌(R. Bohren)의 지적은 경청할 만한 가치가 있지요.

"하나님의 말씀에 관한 설교는 하나님 말씀이 되므로 하나님 말씀이라는 약속 밑에서 행해진다면, 설교비평은 설교하는 자가 하나님이 아니고 인간이라는 사실이 표적이 된다. 설교자가 비평을 피하려고 하면 그것은 그를 죄로 이끄는 타락 행위인 것이다. … 비평으로부터 몸을 피하는 설교자는 회중으로부터도, 설교의 평가로부터도 몸을 피하는 것과 마찬가지이다. 설교비평은 듣는 자의 듣는 일에 도움이 되기 때문에 설교자의 설교에 도움이 된다. 즉 청중을 위해 말하고 본문의 변호를 맡는 일로 인하여 설교자에 대한 봉사를 하는 것이다."28)

▶ 설교학 원론

설교 비평은 설교자를 죽이는 것이 아니라 설교자를 살리고 돕는 작업입니다. 그리고 그 목표는 설교를 살리고 공동체를 건강하게 하기 위한 것이어야 합니다. 이 목표가 분명하지 않으면 자칫 설교비평은 설교 흠집내기, 설교자 깎아내리기, 설교 무용론 유도하기로 전락하기 쉽습니다.

가령 앞에서 예로 든 '한국교회 설교를 말한다'라는 심포지엄에서 발표된 연구 내용은 대부분의 설교자들을 복음의 왜곡자들, 잘못된 설교 사역자로 폄훼하고 있어요. '복음과 교양이 만나는 방정식', '개량된 복음주의의 행로', '무엇을 위한 긍정적 사고와 적극

---

28) Rudolf Bohren, *Predigtlehre*, Chr. Kaiser Guetersloher Verlaghaus, 1971; 6. Aufl, 1993, p. 549.

적 신앙인가?', '공존의 틀을 벗어나는 엘리트 의식', '본받음의 미완성과 지루함 사이에서', '근본적 강해설교의 조급증', 규범설교의 '역사허무주의', '세속적 성공주의와 역사의 왜곡' 등과 같은 강의 제목만 보아도 비평의 방향이 무엇을 지향하고 있는지 분명해지잖아요?

이 책이 출간된 후 필자는 비평의 대상이 되었던 설교자 중 한 분을 만났습니다. 설교 하나만으로 강남에서 메가 처어치를 일군 그분은 자신의 평생 설교사역을 이렇게 짓밟을 수 있느냐며 이런 비평에 도저히 동의할 수 없다고 분개했어요. 이것만 보아도 설교 비평은 설교자의 설교할 용기를 빼앗는 것이 아니라 더 나은 설교를 하도록 조력하는 도우미가 되어야 하지 않겠어요?

필자는 설교 비평이 나아가야 할 방향을 다음과 같이 제시하고자 합니다. 첫째, 설교의 내용은 일차적인 설교 비평의 대상입니다. 설교자가 성경적인 설교를 하고 있는가? 설교자가 말 하는가 아니면 성경이 말하는가? 설교자의 해석이 보편성을 견지하고 있는가? 성경의 그때와 회중의 오늘이 적절하게 연결되어 있는가? 등은 매우 중요한 체크 포인트이지요.

둘째, 설교의 연설적인 측면을 고려해야 합니다. 설교가 논리적인가? 지성뿐 아니라 감성을 자극하고 있는가? 수사적인 치장은 제대로 되어 있는가? 언어적 비언어적 요소는 그 적절성을 유지하는가? 등등이 중요하게 취급되어야 할 평가항목입니다.

셋째는 설교가 가진 목회적 차원입니다. 한 편의 설교는 설교자의 목회 계획 속에서 결정되고 행해지게 될 뿐 아니라, 목회설교의 대상 역시 설교자가 목회하는 공동체로 고정되어 있기 마련입니다. 이런 점을 감안한다면 설교비평은 철저히 설교자의 목회 전반에 대한 충분한 이해에서 나와야 합니다. 어느 한 주제나 한 구절, 하나의 표현을 침소봉대해서 단정적으로 평가하는 것은 바람직하지 않습니다.

넷째, 비평의 범위에 대한 고려가 있어야 합니다. 가령 사상적 경향성이 진보적인가 보수적인가, 친미적인가 반미적인가, 친북적인가 반북적인가 하는 것은 비평의 대상이 될 수 없습니다. 대체로 이런 항목들을 비평의 기준으로 삼는 경우를 보면 비평자가 어느 한 입장에 서 있음을 보게 되는데요, 다양성이 공존하는 민주사회에서 사상적 경향성이나 판단의 택일은 그것이 반사회적이거나 반기독교적이 아닌 다음에는 비평  의 대상이 될 수 없지요. 만일 설교자의 입장이 부당하다면 비평자가 비평하기 이전에 설교를 듣는 회중들이 설교자의 입지를 결정할 것입니다.

　지금까지의 설교비평이 그 당위성을 공감하면서도 많은 이들의 우려를 자아냈던 것은 설교가 가진 종합적 성격을 전체적으로 다루지 않고 어느 한 부분에만 집중하고, 설교자가 절망하게 하는 방향으로 나아갔기 때문입니다. 설교가 그토록 중요하기에 나온 충정의 산물이 설교비평이라면 비평자들은 적어도 설교에 대한 학문적인 연구와 균형잡힌 시각, 깊이 있는 전문적 지식, 그리고 설교의 임상적 경험이라는 최소한의 조건을 갖추어야 할 것입니다. 동시에 설교자들도 설교비평을 대할 때에 그리스도의 겸비(謙卑)를 닮아 비평의 칼날에 스스로를 장사지내고 다시 부활하는 갱신의 기회로 받아들여야 할 것입니다. 설교의 신기원은 바로 이 요소들이 균형을 잡는 바로 그곳에서부터 펼쳐질 것입니다.

10. 설교의 표절 문제가 심각해요!

> 언젠가 기독교 방송에서 사모님이 상담을 청하는 내용이 소개되었어요. 남편 목사님이 다른 사람의 설교를 그대로 설교한 것이 들통나서 당회로부터 경고를 받았는데 몇 년 후 다시 동일한 표절시비가 불거져서 결국 교회를 사임하게 되었다는 소식이었습니다.
> 다른 많은 분야에서도 지적재산권이 강화되어 표절을 엄격하게 금지하는데 하나님 말씀인 설교도 이 원칙을 적용해야 하나요? 하나님 말씀이라는 성경은 모든 사람들이 똑같은 성경을 사용하잖아요?

과천 지역에 소재하는 대한 예수교 장로회 합동(예장합동) 소속의 K교회 S담임목사가 상습적으로 설교를 표절한 사실이 발각되어 경기노회 재판에서 강도권 6개월의 정직 처분을 받았습니다. 이 재판문의 내용은 다음과 같습니다.[29]

"S목사는 2013년 3월 경 K교회에 청빙된 이후 대구 경산 OO교회 김OO 목사 등의 설교를 표절하거나 복제해 설교했으며 2019년 8월 25일 K교회 예배 시간에 자신의 설교 표절과 복제 사실을 인정하고 본 재판국에서도 인정했다. 피고 S목사의 설교 표절 및 복제에 대하여 우리말 속기 사무소 녹취록 1차 89편과 본재판 진행 중에도 분당 OO교회 이OO 목사, OO교회 박OO 목사, 언양 OO교회 오OO 목사 등의 설교를 14차례 등 도합 103편을 표절 혹은 복제하여 설교하였음이 밝혀졌다."

설교 표절로 많은 교회들이 홍역을 치루고 있습니다. 남의 설교 베끼기는 이미 한국 교회에 만연되어 있는데요, 한국기독교목회자

---

29) 권지연. "'설교 표절' 지적한 후배목사 철퇴 맞다", <평화나무>, 2020.06.03, http://cafe.daum.net/jk9301/KG8O/6994?q.

협의회가 2014년 9월 2일 주최한 '설교 표절, 왜 심각한 문제인가?'라는 심포지엄에서 발제자로 나선 정주채 목사는 생명언어설교연구원(박필 대표)의 설문 조사를 근거로 목사들의 90% 이상이 표절 설교를 한다고 주장했습니다. 다른 목사들의 설교를 베껴 전하다가 교인들에게 발각돼 사면당한 목사들도 있고, 교회가 갈린 경우도 있다고도 했어요. 이것은 비단 한국 교회만의 문제가 아닙니다. 미국에서도 설교 표절 문제는 매우 심각합니다.

설교의 역사를 보면 오늘날과는 전혀 다른 기조가 읽혀지기도 하는데요, 가령 종교개혁 초기에는 훈련받은 설교자들이 부족해서 마르틴 루터가 설교를 작성한 설교문을 설교자들이 그대로 설교하도록 했어요. 존 웨슬리 시대에는 가문의 조상이 남긴 훌륭한 설교문을 후손이 그대로 설교하는 것을 영예로 여기기도 했어요. 하지만 지적재산권에 대한 인식이 확산되면서 학문의 영역에서도 엄격한 연구 윤리가 요구되었고 설교에서도 설교 표절의 문제를 엄격하게 다루게 되었습니다. 사실 다른 것도 아니고 성스런 설교가 표절 시비에 휘말린다는 것은 참으로 얼굴이 뜨거워지는 일이지요. 그럼에도 표절 문제가 끊이지 않는 데에는 이유가 있습니다.

요즘에는 인터넷의 발달로 설교 자료를 제공하는 사이트만 20여 곳이 넘습니다. 인터넷에는 수많은 설교가 넘쳐납니다. 클릭 몇 번만 하면 설교 한 편 만드는 것이 손쉬운 세상이 된 것이지요. 이런 환경적 이유와 함께 또 다른 이유는 한국 교회의 설교자들은 일주일에 10회 정도의 설교를 감당해야 한다는 것입니다. 분주한 목회 일정 속에서 이런 살인적인 설교 횟수를 정상적으로 수행하기란 보통 어렵지 않지요. 또 정상적으로 교육받지 못한 군소 교단의 설교자들의 역량 부족도 표절을 부추기는 이유가 됩니다.

사전적으로 보면 표절이란 시나 글, 음악 따위를 지을 때, 남의 작품의 일부를 자기 것인 양 몰래 따서 쓰는 행위입니다. 학문의 영역에서는 보다 세분화된 표절 기준이 있지만 설교에 있어서는 표절이 무엇인지 아직 통일된 기준이 없습니다. 예장 고신 신학위원회는 2017년 제67회 총회에서 '설교 표절이란 설교자가 다른 설교자의 설교를 자기가 작성한 것처럼 반복적으로, 위선적이면서 의도적으로 도용하여 편집 또는 인용하는 행위'라고 규정했습니다. 일반적으로 볼 때 설교에서 표절이란 남의 설교를 통째로 베낀다든지 습관적으로 타인의 설교를 도용한다든지 여러 편의 설교를 편집해서 자신의 설교로 만드는 행위 등을 말합니다.

▶존 파이퍼

존 파이퍼 목사는 타인의 설교를 가져다 쓰는 것이 왜 문제가 되는가를 다음과 같이 설명했어요.30) 첫째, 설교자 자신이 말씀 속에서 마땅히 이해해야 할 바를 도외시한 채, 다른 누군가를 찾아가 그가 이해한 것을 가져다 쓰는 짓이기 때문입니다.

둘째, 목사의 본분이 설교하고 가르치며 이를 위해 시간과 노력을 쏟아야 하는 데 이를 하지 않기 때문입니다.

셋째, 설교는 은사인데 다른 사람의 설교를 가져다 쓴다는 것은 설교의 은사가 없음을 드러내는 것입니다.

표절의 어원인 라틴어 plagiarius는 '남의 아이나 노예를 인질로 잡다'라는 의미를 가지고 있습니다. 한마디로 설교 표절은 다른 사람의 인격과 노력의 결과물을 자신의 것인 양 속이는 '도둑질'이며, 상습적인 설교 도용은 목회자와 교인 모두를 죽이는 행위입니

---

30) http://cafe.daum.net/jk9301/MMRg/491?

다.31) 따라서 강단에서의 설교 표절은 반드시 근절되어야 합니다. 물론 설교자들은 너무나 다양하기 때문에 성경을 보는 깊이나 본문으로부터의 메시지 추출에서 많은 차이가 존재하는 것이 사실입니다. 하지만 모든 설교자는 양 무리에게 최고의 꼴을 먹이고 싶어 하는 공통점을 지니고 있습니다. 만일 다른 설교자의 본문 해석이나 메시지를 자기 회중에게 주고 싶은 마음이 있다면 그것 자체가 잘못된 것은 아닙니다. 이런 경우 설교자는 인용의 출처를 밝힘으로써 자료를 사용할 수 있습니다.

예! 다른 사람들의 아이디어를 사용하는 것은 아무런 문제가 없습니다. 캐리 뉴호프 목사의 지적처럼 어리석은 사람만이 진정으로 독창적인 사상가라고 생각합니다마는 태양 아래에는 새로운 것이 별로 없기 때문에 아이디어를 인용하고, 공유하고, 빌릴 수 있어요. 다만 크레딧을 제공하면 됩니다. 다른 사람들의 콘텐츠를 다루는 경우, "오늘의 메시지는 제 아이디어가 아니라 OOO 목사의 메시지를 기반으로 한 것입니다"라고 출처를 밝히면 됩니다. 다른 사람의 설교를 인용할 때는 내가 의도한 바를 그가 더 잘 표현했기 때문에 인용하려 한다는 인용의 동기를 솔직히 밝히고 허락을 얻으려는 솔직함이 있어야 합니다.32)

세계적인 설교자인 해돈 로빈슨도 그의 설교 "시험의 모델케이스"(창 3: 1-6)를 해설하면서 이 설교의 아이디어를 헬무트 틸리케의 설교집인 『세상의 시작(How the World Began)』이라는 책을 읽고 그로부터 유익한 정보를 제공받았다고 밝히고 있습니다.33)

---

31) http://koreaweeklyfl.com/news/cms_view_article.php?printarticle=1&aid=16517

32) 해돈 로빈슨, 크레이그 라슨, *Biblical Preaching*, 『성경적인 설교와 전달』), 주승중 외 4인 옮김, (서울: 두란노, 2006), "다른 사람의 설교 활용하기", p. 99.

33) 해돈 로빈슨(편저), *Biblical Sermons*, 김동완 역, 『성경적인 설교』, (서울: 생명의 말씀사, 1989), p. 33.

설교자가 자신의 부족한 점을 타인으로부터 도움받고 그것을 정직하게 밝히는 것은 부끄러운 것이 아닙니다. 정직한 인용은 표절의 부끄러움을 추방하는 현명한 용기입니다!

제2장
무엇을 설교하는가?

1. 설교의 메시지는 어떻게 만들어지나요?

> 오랜만에 고등학교 친구를 만났습니다. 원래 예수를 안 믿던 친구인데 얼마 전부터 예수님을 영접했다면서 이런 이야기를 하는 겁니다. "나는 목사님들 보면 참 용하다는 생각이 들어. 설교 시간에 성경 한 구절 읽어놓고 그것 가지고 30분을 설교하니 정말 신기해. 도대체 목사님들은 어떻게 설교를 만드는 거지?" 사실 그 친구의 궁금증은 평소 저 역시 알고 싶었던 내용이거든요. 설교의 메시지는 어떻게 만들어지나요?

성경 본문이 한 편의 설교가 되기 위해서는 크게 두 가지 단계를 거치게 됩니다. 주석(exegesis)과 해석(interpretation)의 과정이 그것입니다. 주석이란 성경 본문을 온전히 이해하기 위해 뜻을 쉽게 풀이하는 작업이고, 해석은 성경 본문이 오늘 우리를 위한 메시지가 되게 하는 것입니다.

설교를 위해 성경을 주석하는 것은 두 가지 의미를 지니고 있습니다. 첫째는 성경 본문이 가진 불명료성을 최소화 하는 것이고, 둘째는 본문으로부터 최대한의 정보를 얻는 것입니다. 설교의 주석 작업은 일차적으로 번역으로부터 시작합니다. 즉 성경의 원어인 히브리어와 헬라어를 한글로 번역하는 것이지요. 그런 다음 본문비평을 할 줄 알아야 합니다. 즉 성경에는 다양한 사본들이 있는데 이를 비교하는 본문 비평작업을 해야 합니다. 이런 주석 작업을 하려면 설교자가 히브리어와 헬라어에 정통해야 합니다. 하지만 완벽한 원어실력이 아니라면 다양한 원어분해사전이나 전문적인 주석가들의 도움을 받는 것이 오류의 가능성을 줄일 수 있다는 점에서 더 바람직합니다.

설교자는 성경 본문을 읽으면서 단어와 문법적인 영역, 역사와 문화의 배경적인 영역, 신학과 사상적인 영역 그리고 본문의 전후 맥락 등에 대하여 주석 작업을 합니다. 이를 통해 설교자는 주석을 통해 성경 본문을 온전하게(almost perfect) 이해하게 되지요. '완벽한 이해'라는 표현을 못쓰는 것은 주석 작업이나 주석서는 인간의 작업이기 때문입니다. 주석서는 성경이 아닌 전문가의 불완전한 견해일 뿐입니다! 그러기에 성경은 한 권이지만 주석서는 수백 종류인 것이지요. 따라서 설교자는 주석서로부터 도움을 받긴 하지만 완전하게 의존하려는 자세는 지양해야 합니다.

이러한 주석 작업을 통해 성경 본문을 '온전히' 이해한 설교자는 이제 그 본문으로부터 오늘 회중을 향한 하나님의 메시지를 추출해야 합니다. 이것을 해석이라고 하는데요. 모든 글은 그것을 쓴 사람이나 예상되었던 독자 그리고 그 글을 쓰게 된 원래의 컨텍스트와도 분리되잖아요. 글이 쓰여질 당시의 사람들이나 당시의 상황이 사라지고 나면 그 글의 의미와 저자, 수신자 등에 대한 질문이 이어지기 마련이지요. 바로 이런 질문에 대답해야 하는 것이 일반적인 해석이라면 성경 역시 여기서 예외가 될 수 없지요.

성경을 하나님의 말씀이라 할 때에는 그것이 살아있는 문서로서, 어느 시대 어느 장소에 있는 신자에게든 권위적이며 새롭고 타당한 말을 전해주는 문서라는 것입니다. 참된 규범이라 할 수 있는 규범을 밝혀내고 특정 시기와 장소에 맞는 하나님의 말씀을 경청하는 일은 너무나 당연하지요. 다시 말해 하나님의 말씀은 그 말씀을 해석함으로써 우리에게 다가오는 것이지요.[34] 또한 성경 본문 자체의 본성이 해석을 필요로 합니다. 성경은 공동체의 해석과 공동체의 전통에 대한 재해석, 하나님의 경험에 대한 산물이지요. 성경에는 성경이 성경을 해석하는 기사가 즐비하잖아요? 시 110편만 보더라도 신약기자들에 의해 무려 35회 이상이나 해석되

---

[34] 성경 해석의 필요성에 관해서는 다음 글을 참조하세요. Fred Craddock, *Preaching*, 이우제 역, 『크래독의 설교 레슨』, (서울: 도서출판 대서, 2012), pp. 194-198.

없어요. 이것은 성경이 해석 프로세스 한 가운데 놓여있음을 보여주는 것이며, 본질적으로 이 프로세스를 계속 따르도록 이끌고 있는 것이지요.35) 거기다가 성경과 우리 사이의 역사적인 간격(시간의 간격 : distance of time), 문화적 간격(cultural distance), 지리적 간격(geographical distance), 언어적인 간격 (distance of language)이 해석의 필요성을 일깨워줍니다.

하지만 성경을 해석하는 것은 결코 쉽지 않습니다. 무엇보다도 본문의 역사적 특수성이 해석을 어렵게 하지요. 대다수의 본문이 장소, 시간의 환경 속에 고정되어 있고. 이런 것들은 반복될 수 없는 일회성으로 보입니다. 이러한 역사적 특수성은 그 특수성 밖에 있는 사람들을 위해서는 적용될 가치가 없는 것으로 간주되기 마련이지요. 그렇지만 사실은 그 반대입니다. 회중은 구체적인 상황 가운데 살고 있기 때문에 어떤 사건이나 관계에 대한 구체성 가운데서 자신의 삶과 유비를 형성하는 지점과 동일시의 관점을 찾을 수 있어요.36) 설사 이름, 시간, 장소가 바뀌어도 사랑은 사랑이고, 증오는 증오이며, 슬픔은 슬픔이고, 두려움은 두려움이고, 기쁨은 기쁨이며, 용서는 용서잖아요?

독특한 사건이나 교훈의 표면을 뚫고 그 아래를 조사해 보면 보편적인 인간의 상황이 드러납니다. 즉, 나아만의 문둥병이라는 특수성은 우리와 무관하지만 이것을 그의 가장 '큰 문제'로 그리고 그 병이 주는 것이 '고통'으로 접근하면 우리와 연관되기 마련이지요.

무엇보다도 성령님의 임재가 해석을 가능하게 하는 요인입니다. 하나님은 영원히 교회에 거하도록 진리의 영인 성령을 보냈는데, 그는 계시자와 해석자로서의 사명이 있지요(요16: 12-13).

---

35) Ibid, p. 198.
36) Ibid, p. 199.

설교를 위한 해석의 방법은 알레고리적 해석, 유형론적 해석, 문자적 해석, 기독론적 해석 등 여러 가지가 있습니다. 하지만 그것이 무엇이 되었든 가장 중요한 것은 성경 본문으로부터 오늘 우리를 향한 하나님의 음성을 듣는 것이고 그분의 뜻을 발견하는 것입니다. 이것은 설교자에게 주어진 의무이자 과제입니다.

설교학자인 프래드 크래독이 말한 것처럼 해석은 특정한 상황에 있는 특정인을 위한 것일 때 진정한 가치가 있지요. 즉 설교자는 그저 성경을 해석하는 게 아니라 '어느 곳에 있는 어떤 사람을' 위해서 성경을 해석하는 것입니다. 따라서 설교를 위한 해석은 오직 그 메시지를 전달해 주는 사람만이 즉 그 자리에 있는 설교자만이 그 일을 할 수 있습니다.[37] 오로지 설교자가 성령의 도우심을 구하는 가운데 성경 본문과의 씨름을 통해서만 가능합니다. 주석을 통해 성경 본문을 온전히 이해한 설교자는 이 본문을 통해 주시고자 하는 하나님의 뜻을 파악하기 위한 씨름에 들어가야 합니다. 이 씨름의 핵심은 묵상입니다. 묵상이란 스스로를 현실의 시끄러움으로부터 분리시켜 내적 고요에 이르게 함으로써 영적 세계와 접촉하게 하는 모든 과정을 말합니다. 특별히 이 성경이 오늘의 회중과 어떤 연관성을 갖는지, 소위 본문과 회중과의 접촉점(Anknungspunkt)을 모색하며 묵상하는 것이 중요합니다. 이러한 설교자의 간절함과 진지함 그리고 말씀에 대한 열정은 성령의 도우심을 통해 메시지로 탄생하는 것이지요.

---

37) Ibid, p. 208.

2. 설교의 성경 본문과 주제 설정은 어떻게 하나요?

> 주일에 교회에 가면 가장 먼저 보는 것이 주보에 실린 금주의 설교 주제입니다. 대부분의 성도들은 설교 주제를 무덤덤하게 받아들입니다. 어떤 특정한 주제에 대한 기대를 갖지 않고 그저 목사님께서 기도하시며 하나님께 받은(?) 말씀을 전하겠구나 하고 생각하는 분들이 많지요. 하지만 때로는 강한 신앙적 동기에서 설교자에 대한 절대적 신뢰를 가지고 그것이 무엇이든 설교자가 전하는 주제와 메시지를 '아멘' 하며 받아들이는 분들도 있습니다.
> 또, 어떤 경우에는 설교의 주제가 전혀 공감이 안되는 느낌이 들 때도 있습니다. 그 이유는 아마 두 가지 일텐데요, 설교를 듣는 회중의 상황이 외로움, 어려움, 문제, 갈등 등으로 일상의 평탄함이 깨졌을 때가 그중 하나입니다. 이런 경우에는 듣고자 하는 설교 주제가 있기 마련입니다. 다른 하나는 교회와 사회, 국가 전체에 관련된 핫이슈가 터졌을 때입니다. 앞의 것은 너무 개인적인 경우라 설교자가 일일이 맞출 수 없다는 한계가 있지만 후자의 경우는 모두의 관심사이기 때문에 그 문제가 설교에서 어떻게 다루어질지 관심을 갖게 됩니다. 그럼에도 불구하고 설교자가 이런 문제와 전혀 관련 없는 다른 주제를 다룰 경우 회중의 흥미는 반감되기 마련입니다.
> 어떤 경우는 설교자가 주일 낮 예배에도 성경 한 권을 정해서 연속강해설교를 해서, 매주 새벽예배에도 연속 강해설교를 듣는데 주일까지 듣자니 마음이 불편합니다. 이밖에도 여러 문제제기가 있겠지만 결국 귀결되는 질문은 어떤 성경 본문을 선택하고 어떤 주제를 선정하느냐의 문제입니다. 설교의 성경 본문이나 주제의 선정은 어떻게 하나요? 거기에 회중의 견해가 반영될 방법은 없는지요?

충분히 일리가 있는 질문입니다. 저 역시도 그런 답답함을 느끼 때가 적지 않습니다. 그럼, 설교를 위한 성서 본문과 주제 선정의 방법들에 대해 알아보겠습니다.

역사적으로 가장 오래된 방법은 교회력에 의한 선정 방법입니다. 교회력(Annus Ecclesiasticus)은 하나님의 구속의 역사를 1년 주기의 시간 안에 담아놓은 것으로 그리스도인들 사이에 형성된 일종의 교회 달력이라 할 수 있습니다.38)

우리가 보통 해를 기준으로 하는 양력이나 달을 기준으로 하는 음력을 사용하는 것처럼 교회는 예수 그리스도의 생애를 기준으로 한 해의 흐름을 설정합니다. 교회력은 초대교회 때부터 내려온 교회의 중요한 문화적 유산 중 하나로서 예배의 주제를 정하고 성도들의 신앙을 지도하는데 큰 도움이 됩니다.

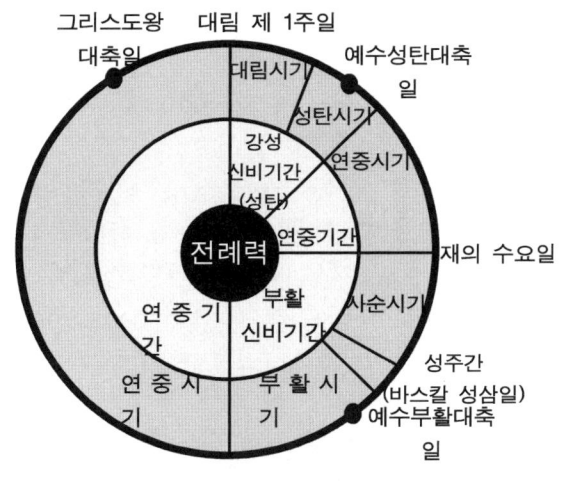

교회력은 대강절로부터 시작하며 크게 축제절기와 무축제절기로 구성되어 있습니다. 예수님을 기다리는 대강절(Advent), 예수 탄생을 기념하는 성탄절(Christmas), 예수님의 지상사역을 기리는 주현절(Epiphany), 예수님의 고난을 기념하는 사순절(Lent), 예수님의 부활을 기념하는 부활절(Easter) 그리고 성령의 강림을 기리는 성령 강림절(Pentecost)을 축제절기라 지칭합니다.

대강절은 윤년과 평년 여부에 따라 11월 마지막 주일 혹은 12월 첫 주에 시작하고 성령 강림절은 5월 초,중순에 있습니다. 말하자면 축제절기는 일 년의 거의 절반을 차지합니다. 성령 강림절 이

---

38) 교회력에 의한 설교에 관하여는 다음 책을 참조하세요. 주승중, 『은총의 교회력과 설교』, (서울: 장로회 신학대학교 출판부, 2004).

후 대강절까지가 대략 25-26주가량 되는데 이를 가리켜 무축제절기 혹은 창조절기라고 부릅니다. 원래 이 시기에는 일체의 절기가 없습니다. 하지만 시간이 흐르면서 교회력은 추수, 맥추 감사절, 종교개혁 기념일 같은 기독교 전통의 기념일, 각 교파와 종파의 기념일, 3·1절 예배, 6·25 기념예배, 8·15 광복예배 등 국가와 사회의 다양한 기념일, 인권주일 등 인류 보편적 가치를 반영한 기념일 등을 추가하면서 일 년 52주의 모든 주일이 각종 기념일로 자리매김될 만큼 매우 복잡해졌습니다.

설교가 교회력에 의존한다는 것은 교회력의 '성서일과'(Lectionary, Perikopenreihe)에 따라 설교를 한다는 의미입니다. 즉 교회력에 따라 설교하는 것은 교회력의 절기에 따라 선별된 성서일과(Lectio Selecta)를 설교의 성경 본문으로 삼는다는 의미입니다. 이 방법은 교회력이 하나님의 구속사(Heilsge- schichte)이며 성도들로 하여금 하나님 앞에서 하나님을 섬기며(Gottesdienst, 예배), 사람을 섬기며(Menschendienst, 이웃사랑), 규칙적인 신앙생활을 하게 하는 경건한 생활의 시간표라는 점에서 중요한 의미가 있습니다.

많은 설교자가 개인의 판단과 신앙 및 목회관에 의해 개별적으로 성경 본문을 선정함으로써 복음의 '개인화 현상'으로 인한 위험이 적지 않은데 성서일과에 의한 설교는 이런 문제를 해결하고 나아가 복음의 공동적 가치와 통일성을 지향한다는 점에서 긍정적입니다. 무엇보다 매주일 설교자가 갖는 성경 본문 선정의 고민을 해결해 줄 뿐 아니라 성도들이 성경 전체를 골고루 접할 수 있다는 장점이 있습니다.

하지만 교회력에 의한 설교는 장점 못지않은 단점이 있어요. 그것은 현실세계의 실제성(Aktualitaet)과 배치된다는 것입니다. 이미 확정된 성경 본문과 그에 내포된 잠정적 주제는 변화무쌍한 우리 실생활의 생생함을 반영하는데 어려움이 따릅니다. 예를 들어, 교회력의 시작은 11월 마지막 주 혹은 12월 첫 주인데 이때는 우리가 한 해를 마무리하는 시기입니다. 새해를 시작하는 1월 첫 주일도 성경에는 성탄 후 1-2주이거나 주현절 첫 주로 제시되어 있는데, 이것은 우리가 새로운 한 해를 시작하는 현실과 너무 다릅니다. 또 교회력에 의한 설교가 성경 전체를 체계적으로 다룬다는 교육적 장점이 있지만, '지금 여기서' 말씀하시는 성령의 자유로운 활동을 위축시키고, 천주교의 미사가 가지는 인위성을 따라갈 위험도 적지 않습니다. 게다가 교회력에 의해 성경 본문이 주어지다 보니 목회자인 설교자가 회중의 영적 상태를 치열하게 살피며 하나님의 뜻을 구하는 열심에서 이탈할 위험도 적지 않습니다.

설교를 위한 성경 본문 선정의 두 번째 방법은 목회력(Pastoral Year)입니다. 통상적인 의미에서 설교자는 목회자입니다. 설교는 목회의 중요한 수단이기도 합니다. 설교자는 일 년 간의 목회 계획을 세우는데 거기에 반드시 설교 계획이 들어갑니다. 물론 목회 계획을 세울 때에는 계절과 시간, 교회나 사회적인 기념일 등을 고려하기 마련입니다. 따라서 교회력에 의한 설교보다는 목회력에 의한 설교가 회중의 상황과 보다 밀접한 연관성을 갖게 됩니다. 이 방법은 대부분의 목회자들이 애용한다는 점에서 보편성을 띠지만, 하나님의 말씀이 목회의 하부 구조나 수단으로 전용될 수 있다는 점에서 신학적 문제의 여지가 남습니다. 또 목회 계획이 지나치게 목회자 개인의 개성과 성향에 의해 좌우될 수가 있어서 그럴 경우에는 보편성을 상실할 수도 있다는 위험성을 배제할 수 없습니다.

설교를 위한 성경 본문 선정의 세 번째 방법은 설교자의 개인적 영성생활입니다. 설교자는 목회를 이끄는 공인이기에 앞서 하나님 앞에 '한 그리스도인'입니다. 그는 자신의 깊은 영성을 위해 성경 중 한 권을 정해놓고 지속적으로 연구하고 다니엘처럼 고정된 기도시간을 통해 하나님과의 깊은 영적인 교제를 갖습니다. 이것은 신앙인으로서 매우 바람직한 '모범'이지요. 칼 바르트는 이러한 설교자의 개인적 성경읽기가 가장 이상적인 공적 설교의 성경 본문 선정 방법이라고 추천합니다. 물론 설교자가 모든 것을 내려놓고 순수한 한 신앙인으로서 말씀 속으로 들어가는 그 진지함과 성실함은 너무 고귀한 것입니다.

하지만 이런 장점에도 불구하고 이 방법에도 치명적인 약점이 있습니다. 설교자는 자신이 영적인 리더이며 목자라는 자부심을 강하게 갖게 되고, 회중에 대해서는 자신의 지도 대상이라는 일종의 우월감을 갖게 됩니다. 이러한 인식은 무거운 책임감으로 연결되어 대부분의 시간을 말씀을 묵상하고 기도하며 회중에게 필요한 양식을 마련하는 생활로 보냅니다. 다시 말해 대부분의 성직자들은 하루의 많은 시간을 '거룩의 영역'에서 보낸다는 것이지요. 그러다 보니 항상 회중이 거룩해져야 하는 차원으로 설교자의 관심이 모아질 수밖에 없습니다. 그러나 목사가 상대해야 하는 회중은 매일매일 치열한 삶의 전쟁터에서 살아가고 있는 사람들입니다. 세상에서 살아남기 위해 때로 양심을 어기기도 하고 세상의 원리를 청종하기도 합니다. 세상은 거룩과는 거리가 멀기 마련이지만 바로 거기가 성도들이 사는 곳이지요. 당연히 그들은 교회에 나올 때마다 말씀대로 살지 못했음을 회개합니다. 그러나 목사의 관심사인 '거룩'이 회중의 관심사가 되는 것은 아닙니다. 따라서 설교자는 설교를 준비할 때 거룩의 영역에만 머물러서는 안됩니다. 시장바닥을 둘러보고 사람들이 어떻게 악다구를 써가며 살아가는지를 보아야 합니다. 설교자는 지속적으로 회중과 상담하고 그들을 심방함으로써 회중의 영적인 상태를 파악해야 합니다.

설교자 개인의 영성생활을 위한 성경읽기가 갖는 최대의 약점은 설교자라는 개인 차원이 설교라는 공적 차원을 대치한다는 것이지요. 이것은 곧바로 성경의 편식으로 나타나게 됩니다. 자신이 좋아하는 성경 중심으로 설교를 하다보면 자연스레 전혀 다뤄지지 않는 성경이 나타나기 마련입니다. 예를 들어 한경직 목사의 설교집에 실린 설교들을 보면 소선지서를 설교 본문으로 채택한 것이 극히 드문 것을 보게 되고, 조용기 목사의 설교집 역시 비슷한 양상을 보여줍니다.

또한 개인의 성경읽기 방법은 설교의 교육적 기능을 구현하는데 어려움이 있습니다. 어린 유치원 원아들을 가르칠 때에도 교육의 목적에 따라 체계성을 갖춘 교안이 필요하기 마련입니다. 하지만 설교자의 개인적 성경읽기는 개인마다 각기 다르긴 하지만 전체적인 체계성 없이 성경 전체를 차례대로 읽는다든지, 본인이 흥미를 느끼는 성경을 취사선택한다든지, 신학적 주제 중심으로 맞춘다든지 하기 마련입니다. 그것이 무엇이든 이 방법은 설교를 통해 회중을 교육시키는데 필요한 체계성이나 조직성과는 거리가 멉니다.

또 하나의 방법으로는 연속 강해설교를 들 수 있습니다. 즉 주일 낮 예배 설교 시에 성경 66권 가운데 한 권을 정해서 연속적으로 설교(Reihe Predigt)하는 것이지요. 우리 한국 교회에서는 이런 설교를 '연속 강해설교'라고 지칭합니다. 19세기와 20세기 초에 미국이나 유럽은 주로 주제설교를 했습니다. 즉 그 주간의 사회적인 이슈나 노동, 환경, 전쟁 등 사람들의 공통적인 관심사를 주로 다루었지요. 그러다 보니 회중들은 교회를 오래 다녀도 성경에 대해 무지한 겁니다. 거기다가 미국이나 유럽의 교회는 대부분이 일주일에 주일 한 번만 예배를 드립니다. 설교를 들을 기회가 일주일에 한번 밖에 없는 것이지요. 그래서 설교자들 사이에서 이래서는 안 되겠다는 자각이 일어났고, 주일 설교에서 성경 한 권을 정해서 설교하기 시작했습니다.

이들에 비하면 한국은 예배와 설교의 기회가 차고 넘칩니다. 이미 강해설교라는 용어를 모를 때에도 한국 강단은 수요예배와 새벽예배 그리고 주일 저녁(오후)예배 시에 성경책 한 권을 정해서 연속적인 강해설교를 해왔습니다. 이것은 분명 미국이나 유럽과는 전혀 다른 상황입니다. 그런데 이런 상황의 다름을 무시한 채 불특정 다수가 모이는 주일마저 연속 강해설교를 해야 하는가에 대해서는 좀 더 깊은 연구가 필요합니다.

특히 어느 상황에서도 모든 예배에 빠지지 않는 열성적인 성도(Active Christian)들만 모이는 수요예배나 오후 예배 혹은 새벽예배와 달리 주일 아침 예배에는 매우 다양한 신앙성분과 수준을 가진 사람들이 참석하기 마련입니다. 열성적 성도들은 성경을 깊이 파고드는 설교를 선호하지만 신앙 연조가 얕은 성도들은 성경보다는 자신들의 삶이나 시사적인 주제들을 선호하기 마련입니다. 이런 것을 감안한다면 주일 아침 설교를 연속 강해설교로 하는 것은 재고할 필요가 있습니다.

마지막으로 교회력과 목회력을 조화시키는 방법이 있습니다. 이 방법은 교회력의 핵심적인 사안과 목회적 계획을 설교에 적절히 반영시킴으로 교회의 전통을 고수하고 목회적 성과를 지향합니다. 즉 대강절이나 성탄절, 주현절과 사순절 및 부활절의 주요 절기를 존중하되 거기에 얽매이지 않고 설교자가 시간과 계절 속에서 추구하는 목회적 가치를 적절히 배열하는 것입니다. 물론 이 방법 역시 위에서 언급한 신학적 문제는 있지만 그나마 현실적으로 가장 유력한 방법이라 할 수 있습니다. 설교가 펼쳐지는 목회 현장은 한편으로는 단순하면서도 또 다른 한편으로는 복잡합니다. 1년이 지나는 동안 큰 사건 없이 흐르는 물처럼 진행된다는 점에서는 단순합니다마는 한 길 사람 속을 알지 못하는 사람들을 대상으로 한다는 점에서는 복잡합니다.

위에서 언급한 설교를 위한 여러 가지 성경 본문의 선정 방법은 모두 장단점을 가지고 있습니다. 설교자는 자신이 맡고 있는 공동체의 특성을 파악하여 가장 바람직한 방법을 선택해야 할 것입니다. 그리고 성도들의 의견을 설교에 반영하는 제도적 장치를 도입하는 것도 생각해 보아야 합니다.

독일의 일부 교회에서는 '설교위원회'를 조직하여 운영합니다. 성도의 신앙 정도에 따라 장로, 집사, 평신도 등으로 구성된 위원회는 6개월에서 1년 정도 성경과 신학에 대한 교육을 받습니다. 그런 다음 매주일 예배가 끝난 후 담임 목사가 참석한 가운데 그 주에 선포된 설교에 대해 의견을 교환합니다. 어떤 의도로 이런 주제의 설교를 하게 되었는지, 위원들이 궁금한 사항, 이해가 안 되는 것, 정보나 표현에서 잘못된 것 등을 가감 없이 이야기나눕니다. 그리고 성도들이 설교자에게 바라는 것도 전달합니다.

이런 설교위원회를 통해 설교자는 자신의 설교에 대해 건강한

긴장을 하게 되고 성도들과의 '설교적 연대'를 모색하게 됩니다. 물론 이런 위원회가 가능하려면 성도들의 깊은 신앙 수준과 높은 민도가 전제 되어야겠지요. 우리 한국 교회에도 이런 설교위원회가 등장하길 기대합니다.

3. 설교는 성경을 근거로 해야 하나요?

> 예배의 순서 가운데 반드시 들어가는 것이 성경봉독입니다. 교회에 따라서는 사도신경이나 교독문 낭독을 생략하기도 하지만 성경봉독만은 모든 예배에 빠지지 않고 등장하지요. 물론 가톨릭교회의 성무일과처럼 교회력에 따라 그 주에 정해진 성서를 낭독하는 것이 아니라 설교를 위한 성경 본문을 낭독하지요.
> 의문이 드는 것은 왜 꼭 성경봉독을 하고 그 성경 본문에 근거해서 설교해야 하나요? 성경 본문 없이 설교하면 안되나요?

설교의 역사는 성경의 역사보다 오래 되었습니다. 구약성경이 주후 90년 얌니아 종교회의에서, 신약성경이 주후 397년 제 3차 카르타고 회의에서 각각 정경으로 채택되었는데 설교는 성경보다 오랜 역사를 가지고 있습니다. 교회가 성경을 정경으로 채택하기 전, 즉 교회에 성경이 없었을 때의 설교에 대해 설교사학자인 다간(Edwin Charles Dargan)은 이때의 설교가 그 내용에 있어 사도들의 전승, 성경 그리고 설교자의 개인적 신앙이라는 세 가지 자료에 의존하고 있었다고 주장합니다.[39]

이 말은 성경의 정경화 작업이 이루어지기 전까지는 사도의 전승이 권위 있는 위치를 차지하고 있었음을 뜻하는 것이며, 이 사실로부터 우리는 '본문 없는 설교(textfreie Predigt)'가 일정기간 자리 잡았음을 유추할 수 있습니다. 즉 사도들이 자신들이 직접 알고 듣고 본 기독교 신앙의 위대한 요소들을 다른 사람들에게 증언 형식으로 직접 전달했던 것이 최초의 설교 형태이었을 것입니다.(눅 1: 1-4; 고전 11: 2; 딤후 2: 2) 황금의 입으로 알려진 크리소스톰이나 오리게네스도 본문 없는 설교를 언급했고,[40] 현대 설

---

[39] Edwin C. Dargan, *A History of Preaching Vol. I*, 김남준 역(서울: 도서출판 솔로몬, 1992) 1권, p. 63.

교학자인 버트릭(David Buttrick)도 이런 설교에 대해 언급하고 있습니다.41)

이런 경향이 퇴조하게 된 것은 교회 안에 구약을 기독론적으로 수용, 해석하려는 움직임과 사도들에 의한 서신들이 유포되면서부터입니다. 즉 신약의 정경화 이전에 개인서신 형식의 편지들이 설교의 자료로 사용되면서 본문 있는 설교가 등장하게 되었고, 이런 경향성은 신약의 정경화 작업 이후 기독교 설교의 고정된 형식으로 자리잡게 되었던 것이지요. 이와 관련해 저스틴(Justin Martyr)은 우리에게 중요한 정보를 제공해 줍니다.

►저스틴(Justin Martyr)

"일요일이라 불리는 날에 도시나 시골에 사는 모든 사람들의 집회가 거행되고, 이 경우 사도의 회상록이 낭독되거나 예언서들이 낭독되어 시간이 오래 걸린다. 낭독자가 읽는 것을 마치면 사회자가 우리들에게 이들의 뛰어난 예들을 본받으라고 권면하고 격려하는 강연을 한다."42)

이때의 설교는 그 내용상 어떻게 규정될 수 있을까요? 이 문제를 깊이 있게 연구한 학자로는 볼츠(Carl A. Volz)를 들 수 있는데 그는 이 당시 설교의 특징을 예언적이고 예배 의식적, 주석적이라고 규정합니다.

---

40) 곽안련, 『설교학』, (서울: 대한기독교서회, 2008), p. 85.

41) David Buttrick, *A Captive Voice: The Liberation of Preaching* (Westminster/JohnKnox Press: Louisville, 1994), 김운용 옮김, 『시대를 앞서가는 설교』, (서울: 요단출판사, 2002), p. 43.

42) Justin Martyr, *First Apology*, p. 67. Carl A. Volz의 *Pastoral Life and Practice of the Early Church*, 박일영 역, 『초대교회와 목회』, (서울: 컨콜디아사, 1997), p. 146에서 재인용.

"초기 기독교 예언자들은 자신들이 히브리 전통의 예언자들의 연속성 속에 있는 것으로 보았고, 예언자의 직분이 감독이나 목사의 직분과 병합되었을 때 예언적 권면의 전통은 설교에서 계속 되었다. 예언적 설교가 유대교로부터의 유산이었 것에 더해 기독교 설교 또한 예배 의식적이었다. 유대교 설교는 회당에서 예배의 한 부분으로 행해졌다. 설교는 그 제의에, 혹은 하나님께 드리는 찬양제사 패턴에 필수적인 요소였다. 설교는 또한 주석적이었다. … 모든 기독교 설교의 출발점은 설교 전에 읽은 본문에 대한 주석이었다."43)

성경을 기반으로 한 설교가 확고한 공리처럼 자리잡기 시작한 것은 종교개혁이라 할 수 있지요. 종교개혁을 관통하는 설교의 이해는 츠빙글리의 사위이며, 그의 뒤를 이어 취리히의 종교개혁을 이끌었던 하인리히 블링거(Heinrich Bullinger 1504-1575))가 스위스 제2 신앙고백서에서 "하나님의 말씀의 설교는 하나님의 말씀이다!(Praedicatio verbi Dei est verbum Dei)"라고 주창한 것을 들 수 있습니다.

▶하인리히 블링거

이 정의에서 '하나님의 말씀의 설교'에서 하나님의 말씀이란 바로 기록된 계시의 말씀인 성서를 의미합니다. 이것은 마르틴 루터가 주창한 하나님 말씀의 삼중적 양식과 밀접한 연관이 있지요. 루터에 의하면 하나님의 말씀은 그리스도, 성경 그리고 설교라는 세 가지 가시적 형태로 이루어져 있습니다. 이 셋은 분리될 수 없는 단일성을 이루는 것으로 만일 이중 어느 한 가지가 빠진다면 온전한 의미의 하나님 말씀이 될 수 없습니다. 즉 지금 선포되는 하나님 말씀인 설교는

---

43) Ibid, pp. 145-146.

기록된 계시의 말씀인 성경에 근거해야 하고 궁극적으로 성육신하신 예수 그리스도를 높여야 한다는 것이지요.44)

존 칼빈도 비슷한 입장을 피력했어요. 칼빈은 기록된 말씀(written Word)으로서의 성경이 하나님의 말씀이듯이 설교자를 통해서 선포되는 말씀(spoken Word) 역시 하나님의 말씀으로 보았으며,45) 그런 입장에서 '하나님의 말씀은 선지자들의 말과 차이가 없다'46)고 주장하였습니다. 특별히 칼빈은 성경과 설교자 사이의 관련성을 분명히 하였는데요, 칼빈에게 있어 성경은 하나님의 음성이며, 설교자의 사명은 성경을 강해하는 것입니다.47) 따라서 설교자는 오직 성경에 계시되고 기록된 것만을 선포해야 합니다.48)

칼빈에게 있어 설교는 성경에 종속적이며, 하나님의 말씀의 지위를 성경으로부터 차용하는 것입니다. 설교가 하나님의 메시지 즉 말씀(Word)인 성경의 메시지를 전하는 한, 그것은 하나님의 말씀이라는 것이 칼빈의 입장입니다. 현대 기독교가 종교개혁의 전통에 서 있음을 감안하면 이러한 종교개혁자들의 성경과 설교의 상관성에 대한 이해는 매우 중요합니다. 성경은 하나님의 말씀입니다. 하나님은 성경을 통해 말씀하십니다. 따라서 설교가 성경에 근거하는 것은 지극히 당연합니다.

하지만 성경이 정경화된 이후에도 '성경 본문 없는 설교'를 지지하는 학자들도 있습니다. 한국어 최초의 성경 번역자로 알려진 존 로스(John Ross. 1842-1915)나 한국 장로교의 설교에 지대한 영향을 미친 곽안련(Charles Allen Clark. 1878-1961)이 그런 주장

---

44). W. A. X. 1; 158. 15.

45) 위의 책, p. 57.

46) John Calvin, *Commentaries on the Twelve Minor Prophets*, trans. John Owen (Grand Rapids: Baker Books, 2005), p. 341.

47) T.H.L Parker, *Calvin's Preaching*, (Westminster: John Knox Press, 1992), p. 17.

48) Ibid, p. 22.

을 했는데요, 그들은 설교란 성서의 문자 자체가 아니라 성서의 변함없는 내용 즉 하나님 말씀과 복음을 선포해야 한다는 것이지요.49) 따라서 성경 구절이 없다 하더라도 하나님 말씀에 기초하고 기독교 진리를 정확하게 설명할 수 있다면 참된 설교가 될 수 있다고 주장합니다.

►곽안련 선교사

이 방법은 선교지라는 특수한 환경이나 성서에 대한 이해가 떨어지는 문화권에서 효과적일 수 있지요. 그러나 성경 본문이 없는 설교도 특정한 성경 본문에 기초해서 설교하지 않는다는 의미이지 하나님의 말씀인 성경 자체를 거부한다는 말은 결코 아닙니다. 간혹 낙태나 동성애 등 현대 사회에서 나타나는 다양한 사회적 이슈들을 설교에서 다뤄야 하는 경우가 있습니다. 이런 설교를 상황적 주제설교라 하는데요, 이런 주제에서 나타나는 사회적 이슈가 설교의 핵심을 차지하기 마련입니다. 하지만 이런 경우라 하더라도 기독교의 궁극적인 메시지는 성경으로부터 나와야 합니다. 어떤 설교자도 성경을 제쳐두고 자기의 생각을 말하도록 허락받은 이는 없습니다!

---

49) 김경진, 「본문인가, 복음인가? 존 로스와 곽안련의 탈본문 설교에 대한 연구」, 『신학과 실천』, 26/1, p. 166.

4. 같은 성경 다른 설교?

> 우연한 기회에 부활장으로 일컬어지는 고전 15장을 본문으로 하는 여러 목사님들의 다양한 설교문을 읽은 적이 있습니다. 우리나라에서 신유와 영성운동으로 교회를 크게 부흥시킨 A목사님은 예수님의 부활을 전인적인 부활로 해석하였습니다. 즉 영적 육체적 부활뿐 아니라 삶의 저주로부터의 부활을 말씀하시면서 가난으로부터 풍요로의 부활을 말씀하시더군요.
>
> 한편, 한국에서 민중신학의 대표자격인 B목사님은 예수님의 부활을 모두가 함께 즐기고 배불리 먹는 광야 밥상 공동체의 실현이라고 해석하였습니다. 마치 오병이어의 벳사다 광야처럼 예수님의 부활은 이 땅의 모든 사람들이 억울함이나 빈곤을 떨쳐버리고 모두가 공평하게 먹고 마시는 평화의 식탁을 선언하신 것이라는 것이지요. 동일한 성경 말씀인데 이 두 분의 설교는 너무 달랐어요. 도대체 무엇이 옳은 설교인지 아직도 구분이 안가네요.

사실 조금 당황스러운 것은 동일한 성경 본문을 설교자마다 다르게 설교한다는 사실입니다. 그 '다름' 중에 어떤 설교는 들을만 한가 하면, 어떤 설교는 이해와 동의가 되지 않는 설교도 적지 않지요. 설교를 듣는 입장에서는 어느 설교라도 다 들을 만 하기를 바라지만, 설사 그렇다 하더라도 동일한 성경 본문에서 나오는 이 다름의 문제는 여전히 남습니다. 100명의 설교자가 동일한 성경 본문을 가지고 설교하는데 어떻게 100편의 각기 다른 설교가 나오는 것인가요?

이 문제를 푸는데 참조해야 할 힌트가 '엘로힘'(אֱלֹהִים)이라는 하나님 명칭입니다. 창 1장 1절에 처음 나오는 하나님 명칭인 엘로힘은 단수와 복수가 같습니다. 이 원리는 하나님의 속성을 드러내는 동시에 이 세상 및 설교의 원리를 함축합니다.

엘로힘을 복수의 하나님으로 본다면 설교의 '다름'은 당혹스런 일이 아니라 자연스런 현상이라는 것입니다. 신학적으로 보면 복수의 하나님은 '다름'의 존재입니다. 성부 성자 성령의 성 삼위 하나님은 그 기능과 역할이 다르지요. 천지창조의 근본원리 역시 '다름'입니다.

하나님은 6일 동안 천지를 창조하실 때 날마다 창조 내용이 달랐잖아요? 하늘과 땅이 다르고 해와 별이 다르고 동물과 식물이 다르고 남자와 여자가 다르고 등등... 이 원리는 성경에도 고스란히 반영되어 있지요. 예수의 생애를 기록한 사복음서를 보세요! 동일한 예수를 기록하는데도 마태, 마가, 누가 그리고 요한의 기록이 다 다르잖아요.

설교 역시 마찬가지입니다. 설교를 담당하는 각각의 설교자가 다르고, 그들의 타고난 성품, 개성, 가치관과 세계관, 자라난 환경, 지능, 교육, 신학 경향성 등이 각기 다르지요. 그들이 사역하고 있는 현장 역시 장소와 사연, 구성원 분포, 공동체의 관심 등이 모두 다릅니다. 하나님은 각기 다른 설교자를 각기 다른 현장으로 파송하셔서 당신의 일을 하십니다. 따라서 설교자들은 똑같은 재료로 똑같은 기계에서 구워낸 똑같은 붕어빵이 될 수가 없어요. 동일한 본문인데 설교가 다 다른 것은 설교자들의 본문 해석이 제각각 다르기 때문이지요.

해석은 문서의 의미를 독자들에게 규명해 주는 과정입니다.[50] 해석은 특정한 상황에 있는 특정인을 위한 것일 때 진정한 가치가 드러납니다. 회중이 달라지면 성경은 그들의 다름에 합당한 메시지를 주기 마련입니다. 따라서 회중이 달라지면 성경 해석 역시 달라져야 합니다. 어떤 유명인사나 신학자에 의한 해석이 영구불변의 진리가 되지는 않습니다! 설교를 위한 해석은 오직 그 메시지를 전달해 주는 사람 즉, 그 자리에서 설교하는 자만이 그 일을 할 수 있다는 설교학자 프래드 크래독(Fred Brenning Craddock,

---

50) Fred Craddock, *Preaching*, 이우제 역, 『크래독의 설교레슨』, (서울: 도서출판 대서, 2012), p. 191.

Jr. 1928-2015)의 말은 귀담아 들을 가치가 있지요.

이 원리를 인정한다면 '설교의 다름'은 당황이 아닌 당연이지요! 물론 이 다름은 성경 본문에 대한 정확한 주석을 전제로 회중이 함께 동의하고 라포가 형성됨을 전제로 하는 것이지요. 이런 점에서 동일한 성경 본문을 다룬다 해도 각기 다른 설교가 나오는 것은 지극히 정상적인 현상입니다.

▶프래드 크래독

여기서 한 가지 주목할 것은 엘로힘이 복수뿐 아니라 단수로도 쓰인다는 또 하나의 원리입니다. 단수의 대표적 특성은 동일성과 동질성이지요. 하나님은 동일하신 분입니다. 각기 다른 내용의 천지창조는 하나님의 사랑이라는 동일성의 원리에서 나온 것이고요, 사복음서가 설명하려는 대상은 동일한 예수 그리스도이십니다. 모든 설교자가 서 있는 기본 토대는 기록된 계시의 말씀이라는 동일성입니다. 바로 이 원리가 설교에서 다름과 더불어 고려되어야 하는 것입니다.

상식적으로 똑같은 사건이라 해도 방송국의 성향에 따라 해석이 달라지곤 합니다. 하지만 어떤 해석도 사안 자체를 부인할 수는 없지요. 가령 시신이 발견되었다 칩시다. 그것을 놓고 자살인지 타살인지, 사고사인지를 추정할 수는 있어요. 하지만 그 어떤 추정도 시신을 놓고 벌어지는 것이지 시신을 살아있는 자로 뒤바꾸지는 않잖아요? 아마도 설교에서 느끼는 당혹감은 상식이 무너지는 경우라 할 수 있을 것입니다.

어떤 성경 본문을 읽었을 때 '아 이런 내용이구나!' 하고 공통적으로 느끼고 인정하는 부분이 무시된 채 전혀 다른 해석과 의미를 부여하는 설교라면 그것은 문제가 되지요. 예를 들어 고전 15장 소위 부활장을 설교 본문으로 택해 설교를 할 때, 부활이 갖는 원론적 메시지는 십자가에 매달려 죽임을 당했던 예수가 3일 만에 다시 살아났다는 즉, 죽은 자가 다시 살아난다는 것이 핵심입니다. 문제를 제기하신 분 말씀대로 이 성경 말씀을 가지고 두 명의 설교자가 설교를 했어요. 한 사람은 민중신학이라는 진보적 신학을 추종하는 설교자이고, 다른 한 사람은 신유와 성령 그리고 축복을 강조하는 설교자입니다. 전자는 부활을 가난한 사람들이 모두 배부르게 먹는 '밥상 공동체의 실현'으로 해석했는데, 후자는 영적 육적 물질적인 저주로부터의 해방으로 해석했습니다. 주님의 부활이 갖는 폭넓은 의미를 감안하면 이 두 가지 해석은 나름대로 일리가 있습니다.

그런데 해석의 다양성을 인정할 때 놓치지 말아야 할 사실이 있습니다. 예를 들어, 부활을 해석하는 설교자가 '죽은 자의 부활'이라는 본문의 핵심 사실(Fact)을 먼저 믿음으로 수용해야 한다는 것입니다. 사실에 대한 신앙적 수용 없이 자기의 신학적 입장에 따른 해석만으로 부활을 말한다면, 그것은 성경을 말하려는 것이 아니라 자기가 하고 싶은 말을 성경에 의존하여 하는 것과 다름없습니다. 이렇게 되면 두 설교자가 강조하는 부활이라는 사건이 가져오는 '현상'과 함유하고 있는 '의미'가 하나가 될 수 있을지언정, 성경에서 말하는 부활 그 자체는 아니기 때문입니다. 이런 경우는 설교자의 의도가 성서 본문을 앞지른 경우라고 할 수 있겠지요.

이것을 다른 말로 표현하면 엘로힘이 갖는 동일성의 원리라 할 수 있겠지요. 즉 성경 본문에서 드러난 원초적인 사실(fact)이 각 설교에서 동일하게 인정되고 보존되는가 하는 것이지요. 흔히 설교를 '해석 작업'이라 하고, 그 해석이나 적용은 설교자마다 달라질 수 있어요. 하지만 그 모든 다름은 그것들이 나오는 성경 본문의 '사실'로부터입니다. 즉 부활을 다루는 성경 본문이라면 부활이라는 사실 자체가 먼저 인정되어야 합니다. 이 인정은 각기 다른 설교자들이 모두 동일하게 수용해야 하는 의무입니다. 모든 해석의 토대는 성경 말씀에 대한 믿음입니다!

나아가 텍스트 자체에 대한 설교자의 해석이 누구나 인정하는 '보편적 가르침이나 의미'를 드러내기보다는 자기의 견해가 앞서는 자의적 해석(eigesis)으로 나아간다면 그것은 바람직한 설교라 할 수 없습니다. 설교자는 '하나님 말씀의 봉사자(Diener am Wort Gottes)'이자 '증인(Witnesser)'이라는 자기 정체성을 지켜야 합니다.

5. 설교에 예화(Illustrations)가 필요한가요?

> 제가 출석하는 교회 목사님은 설교 시간에 예화를 즐겨 사용하십니다. 그래서 설교를 들은 것인지 예화를 들은 것인지 혼란스러울 때가 적지 않습니다. 어떤 설교는 예화가 너무 강렬해서 설교 내용은 생각나지 않고 예화만 기억되는 때도 많습니다. 특히 말씀과 기도로 시작하려는 새벽 예배 때 예화를 사용하시면 솔직히 마음이 불편하기도 합니다. 그럴 경우에는 차라리 예화가 없었으면 좋겠다는 생각이 들곤 합니다.

설교에서 예화를 사용하는 것이 바람직한가에 대한 성도들의 견해는 매우 다양합니다. 어떤 분들은 예화 사용을 반대하며 오직 말씀만 전해줄 것을 요구합니다. 이런 요구는 대개 교회 생활을 오래 하고 보수적인 신앙을 가진 분들에게서 발견되지요. 이와 반대로 설교에 예화가 꼭 필요하다고 생각하는 성도들도 있어요. 신앙의 연륜이 얼마 안 되었거나 기독교에 대해 진지한 관심이 없는 분, 혹은 설교가 가진 기능을 광의적으로 이해하는 분들이 주로 이런 견해를 피력합니다.

설교자도 각양각색입니다. 설교에서 예화를 전혀 사용하지 않는 설교자가 있는가 하면 예화를 사용하되 오로지 성경 속의 예화만 사용하는 설교자도 있어요. 어떤 설교자는 그런 구분 없이 다양한 예화를 적절하게 사용하기도 합니다. 극히 일부지만 어떤 설교자는 설교를 예화로 도배하기도 하지요.

사실 설교에서 예화를 사용하는 문제에 대해서는 명확한 해답이 없습니다. 왜냐하면 설교에 예화를 전혀 사용하지 않고도 감동적이고 회중의 관심을 집중시키는 설교가 가능하기 때문이지요. 반면 예화를 사용해 회중의 이해를 돕고 감성을 자극하여 좋은 반응을 얻는 설교 역시 가능하겠지요.

흥미로운 것은 설교의 역사에서 한 시대를 풍미했던 유명 설교자들은 예외 없이 예화를 즐겨 사용했다는 것입니다. 설교의 황태

자로 불리는 찰스 스펄전, 예일 대학의 자랑이 된 비처 강좌를 아버지를 위해 개설했던 헨리 워드 비처, 유명한 설교학자이자 탁월한 설교자였던 필립스 부룩스, 강해설교의 아버지로 불리는 로이드 존스, 독일의 가장 영향력 있는 설교자로 꼽히는 헬무트 틸리케 등이 바로 그들입니다.

이들이 예화를 사용하는 이유는 간단합니다. 예화를 사용하는 것이 설교에 유익하다고 판단했기 때문이지요. 사실 지극히 논쟁적인 설교라면 논쟁 그 자체의 힘 때문에 예화 없이도 회중의 집중도를 끌어올릴 수 있습니다. 하지만 그런 설교를 매주 한다는 것은 거의 불가능합니다. 또 논쟁 위주의 설교는 회중의 비판적 사고를 키워줌으로써 설교가 은혜의 사건이 되는 것을 방해하기도 합니다.

통상적으로 논쟁 구도가 아니면서 예화를 사용하지 않는 설교는 대체로 이해를 필요로 하는 설명 위주로 진행됩니다. 또 추상적이거나 관념적으로 진행되다 보니 들으면서 머릿속으로 그림이 그려지지 않는 설교가 대부분입니다. 이런 설교는 회중의 지루함을 유발시키기 마련입니다.

설교에서 예화(Illustrations)란 예를 들어서 이야기하는 것입니다. 한국 강단에서는 예화를 가상이나 실상의 이야기나 사건으로 이해합니다마는 넓은 의미에서 보면 설교의 주제를 전개함에 있어 회중의 이해를 돕기 위해 동원하는 일체의 보조자료(이야기, 사건, 시사정보 등)를 의미한다고 할 수 있습니다.

존 브로더스는 예화란 주제에 빛을 던지는 것이라 했습니다.[51] 또 윌리암 에반스(William Evans)는 예화를 빛을 통하게 하는 창문이라고 했어요.[52] 그만큼 예화가 중요하다는 이야기지요. 왜냐하

---

51) John Broadus, *A Treatise on the Preparation and Delivery of Sermons*, (New York: Harper, 1944), p. 213.

52) William Evans, *How to Prepare Sermons and Gospel Addresses*, (Chicago: Moody, 1964), p. 137.

► 존 브로더스

면 예화는 진리를 무엇에 빗대어 이야기함으로써 비가시적 진리를 가시적이고 경험적 차원으로 연결시키는 기능을 수행하기 때문이지요. 회중은 설교자의 핵심 메시지를 들을 때 머릿속에 어떤 상이 쉽게 잡히지 않는 상태에서 그것을 이해하기 위해 지적(知的) 에너지를 쓰는데, 설교자가 예화를 들어 설명하게 되면 들으면서 자동적으로 머릿속에 그림들이 그려지기 마련이거든요. 이런 경우 예화는 설교의 메시지 전달에 매우 유익한 도구가 됩니다.

특히 고도로 시각적인 시대에 살고 있는 현대인들은 메시지의 시각화를 기대하기 마련인데 바로 예화가 진리를 시각화하는데 결정적인 역할을 하게 됩니다.[53] 윌리암 에반스(William Evans)의 말처럼 설교자의 직무는 첫째로, 인간들이 사물을 보게 하고, 그 다음은 그것들을 느끼게 하며, 그 다음은 그것들을 바탕으로 행동하게 하는 것입니다. 그런데 첫번째 결과를 얻을 수 없다면 그 다음 과정의 결과 또한 얻을 수 없겠지요. 따라서 설교자는 예화를 통해 회중이 사물을 보게 해야 합니다.[54]

예화는 설교 개념들의 이유와 논리를 조명하고 명료하게 하고, 설교의 추상적 진리와 삶의 정황 사이에서 다리(교량) 역할을 합니다. 나아가 흥미(관심)를 유발하고 인상을 구성하며, 주위를 환기시키는 기능을 수행합니다. 설교학자인 라슨(Craig B. Larson)은 예화의 유익함을 회중들이 생각하게 하고, 일체감을 갖게 하며 구체화시킨다고 정리했는데 충분히 일리가 있는 이야기지요.[55]

---

53) Lloyd M. Perry, *Biblical Preaching for Today's World*, 『현대인을 위한 성서적 설교』, 박명홍 역(서울: 은혜출판사, 1994), p. 207.

54) William Evans, *How to Prepare Sermons and Gospel Addresses*, (Chicago: Moody, 1964), p. 135.

55) Craig B. Larson, "말씀적용 예화의 힘", Haddon Robinson &

설교자가 사용하는 예화에는 실제적인 사실도 있고 설교자가 만들어낸 가상도 있습니다. 혹자는 진리를 말해야 하는 설교가 어떻게 가상의 예화를 사용할 수 있는가라고 비판하기도 합니다만, 가상과 거짓은 동의어가 아닙니다. 예수님께서도 진리를 선포하실 때 '비유'라는 예화를 즐겨 사용하셨는데 그 모든 것이 실제 일어난 실화라기보다는 인간의 경험에서 충분히 일어날 수 있는 개연적 상황을 염두에 두고 만드신 것이잖아요? 예화는 우화(allegory), 은유(metaphor), 역사적 사실(documents) 그리고 간증(testimony), 정보(information) 등 매우 다양합니다.

우리가 잊지 말아야 할 것은 예화가 설교에서 중요한 기능을 수행하지만 예화는 메시지의 시녀와 종이라는 사실입니다. 즉 설교에서 예화란 결코 주인의 자리를 차지할 수 없고 오히려 주인인 설교의 핵심 메시지에 봉사하기 위해 존재합니다. 따라서 예화를 떠올리면 자동적으로 설교의 핵심 메시지가 연상되는 경우야 말로 가장 바람직한 예화의 사용이라 할 수 있지요. 반대로 설교가 끝나고나서 메시지는 가물가물 한 채 예화만 기억에 남는다면 그 설교는 예화에게 설교의 안방을 내어준 경우라 할 수 있어요.

회중들은 예화를 들을 때 자극적이고 감동적인 것을 좋아합니다. 소위 도저히 일어날 수 없는 그런 큰(?) 예화가 듣기에 좋거든요. 하지만 진짜 좋은 예화는 현실적으로 회중의 경험적 맥락에 맞닿아 있고 나아가 회중과 동일화가 가능한 예화입니다. 즉 몇 십 명을 살린 것과 같이 상상 속에서나 가능한 사례는 듣기에는 좋고 커다란 감동을 주지만 현실과는 맞지 않는 그림의 떡이지요. 예화는 반드시 그것이 위치하는 맥락과 설교의 내용에 부합하는 것이어야 합니다.

찰스 L.캠벨 같은 설교학 교수는 사람들의 사는 이야기 대신 예수 이야기를 예화로 사용할 것을 주장하기도 합니다.[56] 물론 그

Craig B. Larson, 『성경적인 설교준비와 전달』 주승종 외 4인 공역(서울: 도서출판 두란노, 2006), pp. 405-407.

56) Charles L. Campbell, *Preaching Jesus*, 이승진 역 『프리칭 예수』,

►찰스 L.캠벨

가 이런 주장을 하게 된 배경에는 귀납적 설교에서 사용하는 '사람들의 이야기와 경험들'이 지나치게 특수하고, 보편성이나 믿고 따를 모범성을 갖고 있지 않기 때문이라는 인식이 자리잡고 있습니다. 이에 반해 예수의 생애나 성경에 실린 예수 이야기는 우리가 믿고 따라야 하는 모범임에 분명하지요. 하지만 예수 이야기는 바로 그 모범적 성격 때문에 회중과는 동일화가 되기 어렵습니다. 회중 입장에서 예수 이야기는 100% 완벽하여 자신들 입장에서는 그저 바라만보고 흠모할 대상일 뿐이잖아요? 나아가 교회 경력이 5년만 넘어가도 성경 이야기에 통달하는 게 현실입니다. 즉 예화의 중요한 요건 가운데 하나인 새로움이 상실되고 식상함을 전달하기 쉽다는 약점이 있어요.

설교는 완전한 복음을 불완전한 인간에게 선포하고 전달하는 사건입니다. 따라서 설교자는 인간의 불완전성을 고려해야 합니다. 마치 딱딱한 것을 씹지 못하는 갓난아기에게 주는 음식처럼, 그리고 성인에게 주는 음식도 간을 맞추듯이 설교 역시 이런 작업이 필요하지요. 이런 점에서 설교의 흐름에 맞으며 감성을 자극하고 메시지에게 봉사하는 예화의 사용은 설교의 효과적인 전달을 위해 긍정적으로 고려되어야 합니다.

(서울: 기독교 문서선교회, 2001), pp. 295-344를 참조하세요.

6. 설교에 유머가 필요한가요?

> 인터넷에 떠도는 설교에 관한 유머 가운데 이런 내용이 있습니다. 어느 목사님이 열심히 설교를 하고 있었습니다. 그런데 앞줄에 앉은 젊은 청년이 졸고 있는 반면 옆에 앉은 할머니는 열심히 듣고 있었어요. 순간 목사님은 마음이 불편해서 "할머니, 그 청년 좀 깨워요!"하고 말했습니다. 마음이 불편하다보니 음성에 약간의 노기가 서려 있었던 모양입니다. 마음이 언짢으신 할머니가 혼잣말로 중얼거리셨어요. '재우긴 지가 재워 놓고 왜 날보고 깨우라 난리여!'
> 많은 목사님들이 흥미를 돋우기 위해 설교에 유머를 사용하시는데 거룩한 연설인 설교에 과연 유머가 필요한가요?

노벨상을 패러디하여 만든 이그노벨상(Ig Nobel Prize)이 있습니다. 이 상의 이름은 '불명예스러운'이라는 뜻의 이그노블(ignoble)과 노벨(Nobel)의 합성어로 1991년 미국의 유머과학잡지인 《기발한 연구 연감》(Annals of Improbable Research)에 의해 제정되어 현재에 이르고 있는데요. '반복할 수 없거나 반복해서는 안 되는(that cannot, or should not, be reproduced)' 업적에 수여되며, 매년 가을 진짜 노벨상 수상자가 발표되기 1~2주 전에 하버드 대학의 샌더스 극장에서 시상식을 갖습니다. 진짜 노벨상 수상자들도 다수 참석하여 시상에 참여하며, 논문 심사와 시상을 맡고 있습니다.

시상 부문은 유동적이나 대체적으로 노벨상의 여섯 부문(물리학 · 화학 · 의학 · 문학 · 평화 · 경제학)에 생물학상이 추가된 7개 부문이 거의 고정적이며, 그때그때 필요한 부문이 추가로 시상되는 형태를 띠고 있습니다. 보통은 실제 논문으로 발표된 과학적인 업적 가운데 재미있거나 엉뚱한 점이 있는 것에 상을 주는데요, 가령 2011년 평화상은 리투아니아 빌니우스시의 아투라스 주오카스 시장이 받았는데 수상 이유가 불법 주차된 메르세데스 벤츠 승용

차를 장갑차로 뭉개버렸다는 것입니다.

유머 감각이 위대한 과학자의 필수조건이라는 인식하에 '먼저 웃게 하고 그 다음 생각하게 하는 연구'가 이그노벨상의 캐치프레이즈입니다. 이 상은 위대한 과학자에게 있어 유머 감각이 얼마나 중요한가를 일깨워 준다는 점에서 설교자에게 시사해주는 바가 적지 않습니다. 사전에서는 유머를 익살스럽게 웃음을 자아내는 표현이나 요소라고 정의합니다. 피천득 선생이 그의 대표작인 '인연'에서 밝히듯 유머는 따스한 웃음을 웃게 하고 다정하고 온화하며 지친 마음에 위안을 줍니다.

우리가 경험하는 바이지만 실생활에서 유머는 일상을 풍요롭게 해주고 긴장을 풀어주며 웃을 일이 적은 세상에서 웃음을 주는 청량제입니다. 심지어 사형장에도 유머가 있습니다. 목사님이 사형수에게 "당신은 오늘 저녁 주님과 만찬을 같이할 것입니다."라고 말하자 "목사님 먼저 가시죠. 나는 지금 단식중입니다."라고 대꾸했다고 합니다. 이어 목에 밧줄을 걸려는 집행자에게 이렇게 말합니다. "나의 목에 손대지 마세요. 나는 간지럼을 많이 타기 때문에 목에 손을 대면 웃음이 나와서요."

독일 루터교회의 노드라인베스트 팔렌주 감독이 방송에 나와 인터뷰한 내용이 머리에 남습니다. 사회자가 독일 교회가 점점 비어가는 이유를 묻자 그 감독이 설교에 유머가 없다는 점을 지적했어요. 실제 독일의 설교는 그 깊이에 있어 천 길 낭떠러지 보다 깊고요, 설교자의 지적 수준은 세계 최고입니다. 하지만 너무 학술적이고 딱딱해서 끝까지 듣기가 쉽지 않습니다. 하나님의 뜻을 전달하는 설교는 속성상 엄숙, 진지, 경건의 요소를 지니기 마련입니다. 동시에 개념을 설명하는 부분이 길어지다 보니 자연스레 이성에 어필하는 시간이 길어질 수밖에 없습니다. 다 그런 것은 아니지만 '지루함'도 설교에 따라다니는 평가 중 하나지요. 유머는 이러한 설교에 일종의 청량제 역할을 합니다.

요즘 우리나라도 목사님들이 설교 유머 배우기에 열심들을 내고 있다고 하는데 효과적인 전달을 위한 노력이라는 점에서 긍정적입니다. 하지만 무작정 회중을 웃긴다고 해서 좋은 유머가 되는 것은 아닙니다. 유머는 생각의 여유와 탄력성 그리고 창조성의 발로입니다.

설교에서의 유머는 뜬금없는 이야기가 아니라 논리적으로 맥락에 맞아야 합니다. 또한 편견과 상식을 통쾌하게 허물면서도 촌철살인(寸鐵殺人)적인 깨우침을 주어야 합니다. 나아가 너무 억지춘향 격이거나 장황해서도 곤란하며 정치적으로 민감한 분야는 가능한 건드리지 않는 것이 좋습니다.

마지막으로 유머는 회중이 알아들을 수 있어야 합니다. 너무 고차원적인 추론을 요구하는 유머라서 설교자가 설명을 해주어야 알아듣는다면 그런 유머는 곤란하겠지요.

7. 설교와 성경공부는 어떻게 다른가요?

> 신앙생활을 하면서 혼란스러운 것 가운데 하나가 설교와 성경공부를 어떻게 구분하는가 하는 겁니다. 물론 예배에서 설교가 행해지는 반면 성경공부는 특정한 성경공부 그룹에서 행해진다는 차이 정도는 상식이지요. 제가 혼란스러운 것은 설교도 성경공부도 성경을 토대로 하고 또 둘 다 나름대로 성경으로부터 교훈을 찾아 전달하려 한다는 것이지요. 따라서 듣는 입장에서는 설교나 성경공부의 교훈에 별 차이가 없거든요. 정말 설교와 성경 공부는 다른 것인가요?

설교와 성경공부는 성경을 기초로 한다는 점에서 유사한 점이 있습니다. 또 성경으로부터 무엇인가를 배운다는 점에서도 설교와 성경공부는 차이가 없어 보입니다. 하지만 그것은 겉으로 드러나는 인상일 뿐 내용을 들여다보면 많이 다릅니다.

우선 성경공부를 살펴봅시다. 성경공부는 말 그대로 성경을 '공부'하는 겁니다. 대개 교회에서 행해지는 성경공부를 보면 성경공부 그룹에서 성경 66권을 각 권별로 공부하는 경우가 많습니다. 공부하는 내용에 따라 성경의 역사적 생성 배경, 성경의 저자, 성경의 구성과 내용 등을 다룹니다. 공부란 학문이나 기술 등을 배우고 익힌다는 사전적 의미처럼 지적인 정보의 수용에 주안점을 두지요.

물론 성경공부 역시 성경이 하나님의 기록된 말씀이라는 믿음을 전제합니다. 그리고 성경공부의 방향이 무엇이냐에 따라 차이가 있습니다마는 '공부'라는 타이틀이 걸렸을

때에는 성경공부를 인도하는 자와 참여하는 자가 성경을 놓고 이성적인 논의를 하게 됩니다. 경우에 따라서는 성경에 관한 다양한 가설 등이 소개되기도 하고 성경에 대한 의문점을 놓고 논쟁을 벌이기도 합니다. 성격이 무엇이든 성경공부가 지향하는 일차적인 목적은 '성경을 온전히 깊이 있게 알자' 그리고 그렇게 습득된 지식을 바탕으로 '성경대로 살자'는 데 있습니다. 물론 성경공부도 하나님의 지혜와 도우심을 구하는 가운데 진행됩니다마는 성경공부는 일차적으로 그것을 인도하는 '인도자의 일'입니다.

반면에, 설교는 말 그대로 예배로 모인 성도들을 향한 '하나님의 말걸음'입니다. 질문하시는 분은 설교가 예배 중에 행해진다는 것을 상식이라고 이야기했는데 사실 그 상식이 결정적인 분기점입니다. 설교는 하나님이 불러 모은 은혜의 수단인 예배 중에 인간을 향해 봉사하시는 '하나님의 봉사'(Dienst Gottes)입니다! 설교가 성경 한 권을 정해서 연속적으로 하는 연속 강해설교가 되었든, 사회적 이슈를 다루는 상황설교가 되었든, 아니면 기독교의 주요 교리를 다루는 교리설교가 되었든 설교란 설교자를 통한 '하나님의 일'입니다. 이것이 설교가 성경공부와 결정적으로 다른 점이지요.

전통적으로 설교는 '성경으로부터의 설교'입니다. 이때 설교의 메시지는 성경 본문으로부터 나옵니다. 설교의 메시지란 기록된 계시의 말씀인 성경으로부터 '오늘 우리를 향한 하나님의 뜻'을 말합니다. 다시 말해 성경에 담겨 있는 역사적 인물이나 사건 그 자체가 목적이 아니라 그것들을 통해 오늘 우리에게 들려주시려는 하나님의 음성을 듣는 것이 설교의 주안점입니다.

▶제이 E. 아담스

미국 실천신학의 거장인 제이 아담스(Jay E. Adams)는 설교를 가리켜 '성경에 대해 설명하는 것이 아니라(not about bible) 성경으로부터 회중에 대해 말하는 것(from the bible about audience)'이라 했어요. 독일의 유명한 설교학자인 에른스트 랑게(Ernst Lange)도 설교는

'하나님 앞에서 살아가는 회중의 삶과 문제, 희망 등에 대해 말하는 것'이라 했습니다.

영어권과 독일어권을 대표하는 두 신학자의 설교 이해는 공통점이 있습니다. 즉 설교란 성경본문의 주제와 연관된 회중의 문제를 놓고 설교자와 회중 사이에 대화하는 것이지 설교자와 성경 본문 사이의 대화가 아니라는 것입니다. 설교자와 본문 사이의 대화는 설교단 밑에서 설교를 준비하는 과정에 이루어지는 작업입니다. 이런 점에서 참여자와 성경과의 대화라 할 수 있는 성경공부와 설교는 다릅니다. 설교는 하나님의 사역으로, 지식적 차원을 넘어서 인간의 변화를 목표로 합니다. 따라서 성도들은 우리의 형편과 처지를 아시는 하나님께서 우리에게 가장 적절한 말씀을 주심을 믿고 말씀하시는 하나님 앞에 아멘으로 응답하여야 합니다.

▶에른스트 랑게

제3장
누가 설교하는가?

1. 설교자의 설교가 하나님의 말씀이라 할 수 있나요?

> 많은 설교자들이 설교 시간에 자신이 하나님의 말씀을 대언한다고 이야기합니다. 그런데 설교를 들어보면 개인적인 이야기도 나오고 유머와 농담도 나옵니다. 어떤 설교자는 특정인에 대한 인신공격성 발언을 해서 듣기 거북하기도 합니다. 어떤 부흥사는 성희롱이라고 느낄 정도의 아슬아슬한 수위를 넘나들기도 하고 심지어 상스런 욕을 하기까지 합니다. 그래서 하나님의 말씀이라는 설교가 사람들에게 상처를 주기도 하고 공동체에 균열을 가져오기도 합니다.
>
> 어떤 설교자는 성경말씀을 읽어 놓고는 정작 자기자랑만 나열하는가 하면 진보적 성향의 설교자는 성경말씀과 무관한 정치와 이념적인 이야기만 늘어놓기도 합니다. 이런 다양한 설교자들을 보면서 항상 드는 생각은 '저런 것을 설교라 할 수 있는가, 저런 설교가 과연 하나님 말씀인가?' 하는 겁니다. 정말 설교자가 강단에서 외치는 말이 하나님 말씀인가요?

설교를 듣다보면 설교자라는 한 개인에게 설교가 너무 많이 의존되어 있다는 인상을 받곤 합니다. 성경을 풀어내는 능력부터 세계를 바라보는 세계관과 가치관, 역사의식 등 설교자의 개인적 요소가 설교에 고스란히 투영되어 나오니까 말이지요. 또한 설교에 사용되는 예화나 간증, 각종 시사정보나 통계 등도 설교자에 따라 천차만별이고 회중의 호응도 제각각입니다. 때때로 제대로 훈련되지 않고 인격적으로도 설익은 설교자의 설교를 듣고 있노라면 '과연 저게 하나님 말씀인가?' 싶을 때도 적지 않습니다.

사실 설교를 듣는 성도들 가운데에는 인격과 지적 능력, 그리고 설득력과 소통능력에서 설교자보다 탁월한 분들도 많습니다. 그럼에도 그들은 설교라는 이름하에 설교자의 설교를 듣고 있습니다.

그렇게 하는 이유는 간단합니다. 그들은 설교를 하나님의 말씀으로 받아들이기 때문입니다. 이런 맥락에서 한국의 설교자들은 아직까지 매우 행복한 사람들이라 할 수 있을 것입니다.

우리는 모든 설교자가 영적 리더에 어울리는 지성·인성·덕성의 소유자요 회중의 존경을 받는 '성직자'이기를 소망합니다만, 설교자의 됨됨이와 별개로 여전히 풀어야 하는 문제는 설교자가 설교에서 하는 모든 말이 다 하나님 말씀인가 하는 것입니다.

종교개혁이 시작되고 마르틴 루터(Martin Luther)가 성육신이 된 하나님 말씀인 예수 그리스도, 기록된 하나님 말씀인 성경과 더불어 설교를 선포된 하나님 말씀으로 선언한 이래, 설교는 '하나님 말씀'의 반열에 올라 존중되어 왔고 기독교 예배의 핵심을 차지해 왔습니다. 심지어 마르틴 루터는 예배의 명칭을 '설교예배(predigt-gottesdienst)'라 명명하며 '설교 없는 예배 없다!'고 할 정도로 설교를 강조했습니다.

▶마르틴 루터

당시 종교개혁자들은 로마가톨릭의 교리 가운데 교황무오설(無誤說)을 신랄하게 비판했습니다. 소위 지상의 하나님인 교황이 하는 모든 말은 무흠하다는 가톨릭교회의 주장을 정면으로 비판한 것이지요. 하지만 설교에 대한 강조는 역으로 그 비판의 화살을 스스로의 가슴에 쏘는 격이 되고 말았습니다. 설교자가 강단에서 하는 말을 '하나님의 말씀'이라고 선언하는 순간 설교자는 교황의 오류를 스스로 범하는 꼴이 되고 말았으니까요.

그래서 종교개혁자인 존 칼빈(John Calvin)은 '자칫하면 개혁교회 설교자들은 교황보다 더 나쁜 놈이 될 수 있다'고 경고하기까지 합니다. 그러면서 이 문제의 해결을 '증언(Witness)'으로 제시했어요. 칼빈은 설교를 '하나님 말씀의 지위를 성서로부터 차용하는 것'으로 간주했습니다. '하나님은 인간의 입술을 통해 우리에게 말씀하시려 한다. 설교가 하나님의 메시지 즉 말씀인 성서의 메시지를 전

► 존 칼빈

하는 한 그것은 하나님 말씀이다!'⁵⁷⁾ 라는 것이 칼빈의 입장입니다.

"그러므로 '어느 누구든지 감히 자신을 내세우며 '내가 말하노니'라고 말할 수 없는 것입니다. 베드로는 우리가 설교단에 오를 때에 하나님이 우리를 보내시며, 우리는 그가 맡기신 메시지를 보여줄 수 있다는 확신을 가지기를 바라면서 '누가 말하려면 하나님의 말씀을 하는 것 같이 하라'(벧전 4:11)고 권면하였습니다. 다시 말해서 그는 자기 마음대로 자신을 내세우거나 자신의 꿈을 섞어 말하는 그 무엇이 아니라 순전한 하나님의 진리를 가지고 있음을 그의 행하는 것으로 드러내고 있는 것입니다."⁵⁸⁾

존 칼빈은 성서를 일차적인 것으로, 설교를 부차적인 것으로 구분하면서도 메시지가 동일하다면 설교는 성서와 같은 강력한 효력을 발휘한다는 입장입니다. 칼빈의 입장을 정리하면 다음과 같습니다. "만일 가르침이 성서에 충실하다면 가르치는 자가 누구냐에 상관없이 그 가르침은 하나님의 가르침이기 때문에 말씀하시는 이는 하나님이다!"⁵⁹⁾

이 문제와 관련해 마르틴 루터도 칼빈과 동일하다고 할 수 있습니다. 루터는 하나님께서 설교와 성서라는 말씀(Auesseres Wort)을 통해 인간에게 다가오며, 설교자가 성서에 기록된 대로 그리스도를 증언함을 통해 그리스도를 현존하시고 동행하시는 분으로 이해합니다.⁶⁰⁾ 루터가 "설교에서 인간과 하나님이 나눠지지 않는다."⁶¹⁾ "설교 자체가 하나님 말씀이다"⁶²⁾라는 말을 했는데 이런

---

57) Thomas Henry Louis Parker, *John Calvin. A Biography*, (London: J.M. Dent&Sons LTD 1975), 48ff.
58) Ibid, p. 30.
59) Ibid, p. 46.
60) WA10, 1.

언명들은 모두 증언으로서의 설교를 염두에 두고 한말입니다.

20세기 신학계의 거장인 칼 바르트(Karl Barth)는 이 문제를 1924년 발표한 「기독교 설교에서의 인간의 말과 하나님 말씀 (Menschenwort und Gotteswort in der christlichen Predigt)」 이라는 논문에서 자세하게 다루고 있어요. 이 논문에서 바르트는 하나님 말씀과 인간의 말의 관계를 언급하면서 다음의 세 가지 사항을 강조했습니다.63)

첫째, 하나님 말씀은 은폐성(Verborgenheit)이 있다. 하나님의 말씀은 인간의 말 속에서(in Menschenwort) 이해되기도 하고, 오해되기도 하며, 분명하게 혹은 불분명하게 공표된다. 이때 인간의 말은 하나님에 대한 증언이 되고, 하나님은 모든 선지자와 사도들의 증언의 주체가 되시며 그들의 증언을 통해 우리와 만나신다.

둘째, 하나님과 하나님 말씀은 인간에게 말을 거는(Rede ad hominem) 청언성(Anrede-charakter)을 갖고 있다. 이 말은 설교를 듣는 청중은 설교를 통해 자신에게 말을 거는 하나님을 인식하고 그 분의 말씀에 대해 신앙으로 응답하고 경외해야 함을 의미한다.

셋째, 하나님 말씀은 시·공간적, 역사적 맥락과 동시에 시공을 초월해 '지금 여기서'의 사건으로 우리에게 다가오는 현재성 (Aktualitaet)을 갖는다. 따라서 하나님의 말씀을 어느 역사적인 한 순간에만 제한하는 것은 그분과 우리의 관계를 부인하는 것이다.

칼 바르트는 설교를 계시 혹은 성서와 동일시하려는 시도를 경계합니다. 그러면서도 그가 설교를 그리스도, 성서에 이어 하나님 말씀의 세 번째 형식으로 인정하는 것은 설교가 '증언'으로서의 기능을 수행함을 전제합니다.

---

61) WA3, 671.
62) WA51, 517.
63) Karl Barth, "Wenschenwort und Gotteswort in derchristlichen Predigt", in: ZZ(Zwischen den Zeiten), 1925, pp. 119-140.

▶칼 바르트

　이런 일련의 주장을 통해 우리는 다음과 같은 결론을 내릴 수 있습니다. 설교자의 말이란 그리스도라는 역사적 구체적 방법으로 일하시는 하나님의 현재적인 사역으로, 그것이 하나님 말씀에 대한 증언인 한에서 '증언으로서의 하나님 말씀'이라 할 수 있다! 즉 설교를 하나님 말씀이라 할 때 그것은 설교가 성서를 증언하기에 하나님 말씀이며 설교자의 증언의 말이 '복음의 살아있는 음성'(viva vox evangeli)이 되어 살아나기에 하나님 말씀이다!
　설교자는 이 증언을 위해 언어를 사용합니다. 동시에 다양한 예화, 간증, 경구 등 다양한 소재를 동원할 수 있습니다. 중요한 것은 이 모든 것들은 '증언'이라는 본래의 사명을 위해 봉사하는 '시종'들입니다. 탁월한 말의 언변이나 화려한 미사여구 자체가 핵심이 아닙니다. 시종이 왕보다 앞서거나 왕의 머리 위에 올라갈 수 없듯이, 예화나 간증 같은 특정한 설교의 소재는 증언을 부각시키는 역할을 수행해야 합니다. 따라서 증언을 수행하는 설교자는 자기 스스로가 설교의 주체가 아니라 하나님의 말씀을 전하는 '전령'이어야 합니다. 전령의 증언인 한에서 설교는 선포되는 하나님의 말씀입니다!
　또한 성서 저자의 개성을 사용하시듯 하나님은 설교자의 개성을 사용하십니다. 하지만 그 개성이 설교자의 본분보다 앞설 수는 없습니다. 윤리, 도덕이라는 명분으로 일반 성도들이 수용할 수 없는 내용이 설교라는 이름으로 강단에 올라가서는 안 됩니다. 모든 설교자는 강단의 신성함과 거룩함을 존중해야 합니다.

2. 설교자가 자기 이야기를 해도 되나요?

> 우리 목사님은 설교 중에 목사님 본인 이야기며 가족 이야기를 많이 하세요. 물론 좋은 이야기나 자랑으로 여겨지는 이야기만 하시는 것은 아닙니다만, 결과적으로 목사님의 개인사 및 가족사를 교인들이 많이 알게 됩니다. 인간적으로 친근한 면이 있는 것은 사실이지만 설교자는 공인인데 설교자의 과도한 자기 노출이 과연 바람직한가 하는 생각도 듭니다.

 방송 출연 등으로 대중에 널리 알려진 목사님이 있어요. 교회규모가 크고, 대중적인 인지도도 있고 설교도 괜찮다 보니 여기저기서 설교 요청을 많이 합니다. 그런데 이분 설교에 꼭 따라다니는 꼬리표가 하나 있어요. 설교 중에 아들 이야기가 빠지지 않는다는 겁니다. 설교의 주제가 무엇이 되었든 성공한 아들 이야기를 교묘하게 설교 흐름에 맞춰 집어넣는다는 겁니다. 개중에는 주의 종이 아들 잘 키운 것을 모범적인 사례로 칭송하기도 합니다마는 꼬리표가 붙어 다닌다는 것은 회중이 긍정적으로 보지 않는다는 것이지요.

 이 목사님처럼 설교자가 설교 중에 자기 이야기나 가족이야기 등 소위 '간증'으로 일컬어지는 자기 노출을 하는 경우가 많죠. 자기 자랑에 가까운 자기 노출의 경우 설교자는 '성직자의 모범사례'가 회중에게 긍정적인 영향을 미칠 것이라는 순수함에 기인할 수도 있어요. 반대로 자기를 좋게 보이려는 유아적인 소영웅주의가 그 밑에 깔려있을 수도 있지요. 회중의 반응 역시 긍정과 부정이 뒤섞여 복합적일 수밖에 없어요.

 설교자 중에는 치명적인 자기 약점을 드러내는 분도 있어요. 실제로 잘 알려진 목사님이 모 교회의 청년집회에서 설교하는 중에 자신이 받았던 이성적인 유혹의 경험담을 자세히 설명했어요. 너무

나 솔직하게 말하니까 학생들은 당황해 하면서도 재미있어 했지요. 그런데 설교가 끝난 후 그 경험담은 학생들 사이에 퍼져나가 그 목사님에 대한 유명한 소문이 되고 말았습니다. 아마도 목사님은 순수한 의도로 자기 치부를 드러냈을 것입니다. 하지만 그 순수한 의도가 불러온 결과는 얼마나 치명적인지요! 자기의 장점이든 단점이든 설교자가 자기 이야기를 한다는 것은 적어도 그런 이야기가 자기 설교에 적절하고 도움이 된다고 생각했기 때문일 겁니다. 하지만 독자 여러분이 이런 이야기를 접했을 때 느끼는 감정이 다양한 것처럼 설교의 효과 역시 모두가 설교자의 의도대로 되지는 않겠지요.

성경을 보면 놀랍게도 성경 저자들의 자기 이야기가 많이 실려 있음을 보게 됩니다. 예레미야, 아모스, 이사야, 바울 등은 자신들이 어떻게 하나님으로부터 소명을 받게 되었는지를 자세하게 밝히고 있어요. 또 호세아 같은 경우는 가출하여 부정을 저지른 아내 고멜의 '간음담'을 가감없이 털어놓지요. 이러한 자기 노출은 대부분 견고한 기반이 없는 상태에서 자신들의 정체성을 인정받으려는 현실적인 동기를 깔고 있지만 그 목적은 자신들의 경험을 하나님의 능력과 은혜를 선포하는데 사용하고 있다는 것이지요.
특히 사도바울의 경우 자기의 신체적 결함에서부터 가말리엘 문하에서의 교육과 로마시민권 소유 등 부정과 긍정의 모든 정보를 스스럼없이 노출하고 있는데 그 모든 자기 노출이 바로 하나님의 은혜와 영광을 드러내기 위해 사용되고 있다는 것이지요.(고후 4:5)

원론적으로 보면 말씀을 전하는 설교자가 자신이 체험한 하나님과 자신의 신앙체험을 회중에게 전하는 것은 지극히 자연스런 일입니다. 또 현실적으로도 설교자가 자신을 드러냄으로써 어떤 문제를 구체화하거나 개별화하는 효과가 있지요. 하지만 강단이 고해 장소가 되거나, 설교자의 경험이 규범으로 제시되거나, 간증이 동정이나 용서를 구하는 행위가 된다면 그것은 지나친 것입니다.[64]

때때로 자기가 얼마나 인간적인지를 증명하려는 노력 역시 사실상 하나님의 형상을 반영하기 보다는 사람이니 그럴 수 있지 않느냐는 변명이 되기 쉽습니다. 오늘날 강단에서 행해지는 설교자의 자기 노출은 사도바울이 보여준 하나님의 은혜와 영광을 드러내는 목적 하에서만 조심스럽게 행해져야 합니다.

　설교를 듣는 회중 역시 설교자의 자기 노출 이야기를 단순한 사담이나 흥밋거리로 들어서는 곤란합니다. 설교가 끝난 뒤 설교자에 대한 뒷이야기나, 소문으로 흘러다니는 것은 결코 회중이 해서는 안 되는 금기입니다. 설교가 사건이 되기 위해서는 설교자와 회중이 설교에서 행해지는 일체의 내용에 공동의 책임의식으로 임해야 합니다. 설교자가 자기 경험을 이야기할 때 회중은 그 이야기가 어떤 맥락에서 나왔고 무엇을 지향하는지를 알고 그 선에서 소화해야 합니다.

---

64) Fred Craddock, *Preaching*, 이우제 역, 『크래독의 설교레슨』, (서울: 도서출판 대서, 2012), p. 324.

3. 평신도는 설교할 수 없나요?

> 인터넷을 검색하다가 평신도 교회를 알게 되었어요. 이들 교회들은 교파를 초월해 어디에도 속하지 않고 교회의 모든 사역을 철저히 일반 성도들이 중심이 되어 하고 있었어요. 워낙 한국 교회가 교파 분열로 몸살을 앓아 왔다는 점에서 이해가 되었어요. 또 목회자들로 인한 교회의 분쟁도 적지 않아서 소위 '반 교권주의'의 흐름으로 보면 평신도 중심의 사역도 이해는 됩니다.
> 하지만 가장 문제가 되는 것은 설교인 것 같아요. 어떤 교회는 탈교파와 평신도 중심을 선언했으면서도 설교만큼은 신학대학교의 교수들에게 맡기더군요. 하지만 대부분의 평신도 교회는 저와 동일한 일반 성도들이 설교사역을 담당하고 있었어요. 20대 초·중반의 청바지와 티셔츠 차림에서부터 말쑥한 정장 차림의 신사까지 설교자도 다양했어요. 또 신학에 문외한인 제 입장에서 이들의 설교가 전문 설교자들과 어떻게 다른지 솔직히 잘 모르겠더라구요. 설교를 잘한다 못한다를 떠나 설교 내용이 옳은지 그른지 솔직히 구분하기도 어려웠어요.
> 종교의 자유가 있긴 하지만 하나님의 소명이나 신학적 바탕이 없이 공동체의 동의만 있으면 일반 성도들도 설교할 수 있는 것인가요?

기독교가 출범한 초창기에는 말씀의 직분이 예수님이 친히 부르신 열두 사도들과 부활하신 그리스도에 의해 부름 받은 바울이나 바나바 같은 사도들에게 국한되어 있었지요. 그러다가 사도들이 사라지자 차츰 선지자들, 복음전도자들 그리고 교사들에 의해 설교사역이 이루어졌습니다.(고전 12: 28) 또 바울이 선교지의 회당에 들어가 설교한 것에서 보듯 초대교회에서는 여행자들을 신성한 영성이 있다 하여 설교자로 세우곤 했습니다. 이러한 설교자의 자유로 인해 유랑하는 설교자들이 생길 정도였습니다. 하지만 이러한 설교자의 자유는 오래가지 못했지요. 영지주의(Gnosticism) 같은 이단들이 이런 자유를 이용하여 기독교를 위협하게 되자 교회는 외부의 공격으로부터 기독교를 변호하고 내부적으로는 성도들을 교육시키기 위해 전문적인 인력을 필요로 하게 되었습니다.

또 하나 중요한 것은 시간이 흐르면서 초기 교회에 있었던 선지자로 대변되는 예언적 전통이 소멸되었다는 점입니다. 2세기 문서인 디다케(didache)를 보면 선지자를 감독이나 집사보다 우위에 둘 만큼 소위 예언적 설교의 비중이 높았는데 시간이 지나면서 이런 흐름이 소멸되어 갔던 것이지요. 이런 이유에서 설교의 직임은 감독과 사제들에게로 제한되었습니다.

평신도에 의한 설교가 공식적으로 금지된 최초 사례는 453년 교황 레오 1세가 막시무스 감독에게 보낸 다음과 같은 편지에서 발견됩니다. "주님의 사제인 삶을 제외하고서는 수도사나 평신도를 막론하고 그 누구도 약간의 학식에 대한 명성을 자랑하면서 감히 가르치고 설교할 권리가 있다고 주장하지 못하리라.(교황 레오 1세, 서신서, 1957, 207f)"[65]

중세 가톨릭교회의 엄격한 성직제도로 인해 설교는 오로지 성직자에게만 허용되었습니다. 하지만 11-12세기 유럽을 휩쓴 영적 각성운동은 잊혀졌던 평신도 설교의 불을 다시 지폈어요. 이중에서 가장 유명한 것은 왈도(Peter Waldo, d. 1217)로 그를 추종하는 왈도파(Waldenses)가 생겨날 정도로 영향력이 있었어요. 이들은 설교자의 자격을 교회의 공식적인 위임이 아닌 사도적인 삶, 즉 예수와 사도의 청빈을 본받은 성결한 사람들이 수행해야 하는 것으로 주장했어요.[66] 즉 교회 당국에 의해 주어지는 설교자의 행정적, 법적인 자격 조건 대신 영적인 자격을 주장한 것이지요.

흥미 있는 것은 교황 이노센트 3세 역시 일정 부분 평신도 설교

---

65) 윌리엄 윌리몬, 리챠드 리스쳐 공편, "평신도 설교, *Concise Encyclopedia of Preaching*, 이승진 역, 『설교학 사전』, 기독교문서선교회, 2003, p. 706.

66) Ibid.

의 가능성에 동의하였다는 사실입니다. 그는 롬 10: 15[67])에 근거하여 설교가 단지 삶의 정결로만 정당화될 수 없고 교회의 위임이 중요하다는 가톨릭교회의 입장을 지지하면서도 이것만이 설교자 선정의 기준이 되는 것에 대해서는 경계했습니다. 그는 1206년 폴란드의 대수도원장에게 보낸 서신에서 하나님의 소명과 파송을 중요한 설교자의 자격으로 언급하였던 것이지요.[68]) 이것은 전통적인 로마 가톨릭교회와는 다른 입장임이 분명합니다. 하지만 이노센트 3세 역시 평신도 설교자들을 로마 교회의 영역 안에 묶어 두려했다는 한계를 노출하였습니다.

로마 가톨릭교회의 성직주의에 반대했던 종교개혁자들은 마르틴 루터의 만인제사장설로 대변되는 교회 내의 계급 타파에 일치된 의견을 보입니다. 그래서 복음 앞에서 모든 성도는 다 동일한 사제(Sacerdos)라고 선언합니다. 하지만 설교와 성만찬, 세례 등 복음의 공적 집행을 위해서는 '구분된 사제'(Minister)가 필요하다고 주장했어요. 즉 Sacerdos와 Minister라는 각기 다른 용어를 통해 복음의 공적 집행에는 구분이 필요하다고 보았던 것입니다. 이와 관련하여 마르틴 루터는 하나님으로부터 직접 부르심을 받았다고 하는 직접소명(vocatio interna)과 일정기간의 신학 수업과 안수로 객관화 되는 간접소명(vocatio externa)을 사역의 기준으로 제시하였어요. 이런 기준은 그 이후 프로테스탄트 교회의 사역자 세움에 중요한 기준이 되었지요.

하지만 이런 흐름에도 불구하고 평신도 설교 문제가 다시 부각되는 계기가 발생하는데 그것은 바로 존 웨슬리(John Wesley)에 의해서 입니다. 그는 영적으로 병든 영국 교회에 중생과 성결의 복음을 전했지만 그 결과는 설교권 박탈이었습니다. 그는 야외에서 복음을 전하면서 자신이 전한 복음이 더 많이 더 빨리 전해지길 원

---

67) 보내심을 받지 아니하였으면 어찌 전파하리요. 기록된 바 아름답도다. 좋은 소식을 전하는 자들의 발이여 함과 같으니라.

68) Ibid.

했습니다. 왜냐하면 당시 영국은 산업혁명으로 인해 새로운 도시와 직업들이 생겨나면서 하나님 대신 인간의 능력을 찬양하는 세속화가 거세게 몰려오고 있었고 온갖 범죄로 몸살을 앓고 있었거든요.

병든 영국을 고치기 위해 웨슬리는 자신의 복음사역에 동참할 사람들이 필요했습니다. 하지만 당시 웨슬리의 복음 운동에 참여한 영국 성공회에서 안수 받은 성직자는 불과 6명에 불과했습니다. 정규적인 신학교육을 통한 성직자를 배출할 시간적 여유가 없는 상황에서 존 웨슬리는 평신도 설교자를 통한 사역을 결심하게 됩니다. 그 결과 존 웨슬리는 1745년 최초의 평신도설교가 맥스필드 (Thomas Maxfield ?-1784)와 세닉(John Cennick 1718-1755)을 비롯하여 50명의 평신도 설교가(lay preacher)를 세우게 되지요.69) 웨슬리가 평신도에게 안수를 베풀지 않고 단지 평신도 설교자의 지위만 허락한 것은 안수로 인해 생길 수 있는 영국 교회와의 마찰을 방지하려는 의도도 담겨 있습니다.

최근 남미 지역에서는 설교자가 회중을 놓고 설교하는 전통적인 설교와는 다른, 함께 묵상을 나누는 형태의 평신도설교가 널리 퍼지고 있습니다. 흥미로운 것은 1983년 반포된 로마 가톨릭교회의 개정된 교령에서 교회의 설교사역에 평신도의 참여를 허용하고 있다는 점이지요.70) 물론 공식 미사에서 행해지는 미사 설교는 여전히 사제에게만 자격이

▶ 존 웨슬리

국한되지만 주일 미사 외의 예배의 경우 예배의 인도와 설교에 평신도 참여가 보편화되고 있습니다. 이것은 사제지망생이 줄어드는 현실을 고려해 나온 조치이긴 하지만 가톨릭교회의 전통으로 보면 매우 흥미로운 변화라 할 수 있습니다.

---

69) 김홍기, "감리교의 기원과 한국감리교의 역사", 2018.03.06., ttps://cafe.daum.net/bpguide/ LkHx/1292.

70) Ibid, p. 707.

개신교의 전통과 역사를 보면 종교개혁자 마르틴 루터로부터 20세기 신학자인 칼 바르트에 이르기까지 중세의 성직주의를 부인하고 복음 앞에서 만인이 성직자라는 신학 위에 평신도의 중요성을 강조해 왔습니다. 그러면서도 설교와 성례전 및 세례 집례, 그리고 교회의 치리와 감독 등 복음의 공적 집행을 위해서는 안수 받은 교역직의 타당성이 인정되어 왔습니다. 이것이 기독교의 주된 전통입니다.

교회가 하나의 모임이고 기구(institute)이기에 거룩한 질서와 전문적인 인력이 필요합니다. 동시에 교회는 하나님의 말씀을 기반으로 오랜 세월에 걸쳐 만들어진 교리와 신학 위에 서 있지요. 이것을 다루고 취급하기 위해서는 영적으로 하나님의 부르심이 있어야 하고 현실적으로는 특별한 배움과 훈련을 필요로 합니다. 즉 설교 직무를 포함하는 교역직은 하나님의 부름, 신학에 대한 이해, 성경 해석의 능력, 사람과 세상에 대한 이해가 있어야 합니다. 나아가 현실적으로 동일한 신조와 신앙을 바탕으로 형성된 교단 및 교회 구성원의 동의가 있어야 합니다. 물론 이런 전제와 조건이 안수 받은 목사는 당연히 설교할 수 있다는 기계적 정당성을 말하는 것은 아니지요. 이런 맥락에서 위대한 강해설교자인 마틴 로이드 존스(Martyn Lloyd-Jones 1899-1981)의 말은 시사하는 바가 큽니다.

▶ 마틴 로이드 존스

"이른바 '평신도 설교'를 궁극적으로 비판하는 이유가 무엇일까요? 그에 대한 답변은, 거기에 '소명'이라는 개념이 완전히 빠져 있는 것처럼 보이기 때문입니다. 설교는 부름 받은 사람이 하는 일일 뿐 아니라 예외적인 경우를 제외하고는 모든 시간을 바쳐서 해야 할 일이라는 것입니다. 이를테면 설교는 부업으로 할 수 있는 일이 아닙니다. ... 설교자는 스스로 설교하겠다고 결심한 그리스도인이 아닙니다. 설교자 자신이 그 일을 하겠다고 결심한 것도 아니고 그런 직업을 갖겠다고 결심한 것도 아니라는 말입니다.

설교란 결코 사람이 결심해서 되는 일이 아니라는 것입니다. ... 설교자란 보통 수준 이상의 영성이 있는 사람이어야 하며, 진리를 확고히 알고 이해하는 단계에 이른 사람이어야 하고, '그 진리를 다른 사람에게 전할 수 있다'라고 느끼는 사람이어야 합니다. 설교자는 반드시 경건한 사람이어야 하며 동시에 지혜로운 사람이어야 합니다. 또한 인내하며 견딜줄도 알아야 합니다. 더 나아가 그는 인간과 인간의 본성을 이해하고 있어야 합니다. 타고난 능력과 지적 능력 역시 강조할 필요가 있습니다. 저는 여기에 언변도 추가하고 싶습니다."[71]

교회는 은혜 공동체지만 동시에 거룩한 질서와 법 위에 선 공동체입니다. 교회가 특정한 교단에 소속되어 있다면 그 교단이 정하는 법 안에서 평신도와 설교자 문제를 다루는 것이 바람직하지요. 최근 특정한 교단을 떠나 독립교단에 속하거나 아예 일체의 교단 소속을 거부하는 독립교회 혹은 가정교회와 평신도 교회 등이 등장하고 있어요. 이런 경우는 교회의 상위법이 없기 때문에 해당 교회가 만드는 교회법이 최고의 권위를 갖기 마련입니다.

흔히 이런 교회들의 경우 기성교회와 교단에 대해 부정적이며 나아가 성직자 중심의 교회 운영 및 교권에 대해서도 거부합니다. 당연히 기존 교단에서 요구하는 신학교육 및 안수라는 설교자의 자격과 관계없이 각 공동체의 독자적인 결정에 의해 설교자를 세웁니다. 필자가 경험한 바로는 대부분이 평신도로 별도의 신학교육을 받은 바 없이 각자의 경건생활과 성경지식 그리고 '직관'에 의존해 설교하지요. 설교는 어느 한 사람이 독점하기도 하지만 설교 팀을 구성해 운영하기도 합니다. 전통적인 교회와 다른 이러한 다양한 신앙공동체의 출현은 앞으로도 계속 이어질 것으로 예상됩

---

71) Martyn LLoyd-Jones, *Preaching and Preachers*, 정근두 역, 『설교와 설교자』, (서울: 복있는사람, 2010), pp. 161-171. 로이드 존스는 이런 조건들이 충족되지 않는다면 설사 목사라 하더라도 자동적으로 설교자가 되어야 한다는 생각을 버려야 한다고 주장합니다.

니다. 기존 교회 안에서도, 예를 들어 향린 교회 등에서는 평신도 주일에 목사와 평신도가 함께 설교를 진행하기도 합니다. 설교자는 성서해석을 맡고 평신도는 삶의 적용을 맡는 방식으로 말이지요. 이런 방식의 평신도 설교는 건강하고 바람직하며 앞으로 더욱 확산될 필요가 있습니다.

  중요한 것은 설교가 행해지는 공동체의 형태와 성격이 어떠하든, 설교를 맡은 자에 대한 요청은 불변한다는 것입니다. 즉 모든 설교자는 하나님으로부터 그 일로 부름 받았다는 소명감이 있어야 합니다. 동시에 설교를 감당할 능력 즉 말씀을 해석할 수 있는 능력, 하나님의 뜻을 분별하는 영적 혜안과 민감성, 교리와 신학 및 인간과 세계에 대한 이해, 나아가 성도들에게 감화를 끼칠 수 있는 전달력 등이 있어야 합니다. 나아가 현실적으로 자신이 속한 교단과 교회의 동의와 인준을 받아야 합니다. 탈교파를 지향하는 공동체라 하더라도 해당 공동체의 동의는 반드시 필요합니다. 설교는 영혼을 책임지는 막중한 사역이자 전문적인 영역입니다. 모든 것이 가하나 모든 것이 가하지 않은 것이 바로 설교입니다!

4. 여성 설교는 가능한가요?

> 저는 어렸을 때 매우 보수적인 장로교회에서 신앙생활을 했습니다. 목사님은 주일에는 식당에서 밥을 사먹는 것은 물론 버스 타고 4Km 이상 가는 것도 안된다고 가르치셨어요. 언젠가 목사님이 안식년을 맞아 6개월간 자리를 비우셨을 때 주일 저녁 예배에 다른 교단에 속한 여자 선교사님이 설교하신다는 소문이 들렸어요. 아프리카에서 오랫동안 선교사역을 하신 분인데 잠시 귀국하셨고, 집사님 한 분과의 인연으로 인해 우리 교회에 오신다는 소문이었어요.
>
> 그러자 교회에서 난리가 났어요. 장로님들과 권사님들이 '어떻게 여자가 설교하느냐!'며 들고 일어난 거에요. 알고 보니 선교사님과 친분이 있는 집사님이 장로님들과 사적인 자리에서 지나가는 말로 선교사님 모셔서 간증말씀을 들으면 좋겠다고 했는데 이 말이 입에서 입으로 퍼져나간 것이지요. 지금도 교단에 따라서는 여성 안수를 금지하는 곳이 있는 걸로 아는데요,
>
> 교회 밖에서는 남녀평등을 넘어 여성 상위 시대를 외치는 오늘날, 교회가 사회보다 뒤쳐진 것 같아 참 답답합니다. 여성은 설교할 수 없는 것인가요?

다양한 인류 역사에서 손에 꼽을 수 있는 공통점 중의 하나가 여성에 대한 차별이지요. 성경을 보면 가부장 체제였던 유대 사회에서도 여성의 존재감은 극히 미미했습니다. 이러한 오랜 구습에 제동을 건 분이 예수님이지요. 예수님은 여성을 모든 억압과 굴레에서 해방시키시고 남자와 동등한 인간으로 회복시키셨습니다. 예수님의 공생애 기간을 봐도 수많은 여성들이 예수님과 제자단을 따라다니며 뒷바라지를 했습니다. 또 복음이 전파되는 과정에서도 루디아, 유오디아, 순두게, 부리스길라 같은 여성들이 눈부신 역할을 했습니다.

기독교 역사를 보아도 여성이 없다면 교회가 유지되지 않을 만큼 중요한 역할을 해왔지요. 하지만 정작 예수께서 친히 세우신 교회는 아주 오랫동안 예수님의 정신을 외면한 채 여성에 대한 차별로 일관했습니다. 교회 내에서 여성의 지위와 역할은 항상 남성에 비해 열등했습니다. 여성은 성직에 오를 수 없었고 교회의 정치 관여도 금하였지요. 여성은 교회에서 잠잠하라는 바울의 말씀을 문자 그대로 해석하여 순종과 봉사만을 요구 당했던 것입니다. 당연히 하나님의 말씀을 공적으로 선포하는 설교의 직임에서 여성은 철저히 배제되었지요.

▶ 엘 허친슨의 재판장면

이런 오랜 터부를 깰 변화의 조짐이 감지된 것은 17세기에 들어서입니다. 당시로서는 용어 자체도 낯선 '여성설교'와 관련하여 **빼놓을 수 없는** 인물이 앤 허친슨(Anne Hutchinson, 1591-1643)입니다.[72] 미국이 영국의 식민지였던 시절의 매사추세츠는 청교도 엘리트가 지배하는 남성 중심의 사회였습니다. 1634년 이곳으로 이주한 허친슨은 보스톤 여성들의 모임을 만들어 설교에 대해 토론하고 신학적 견해를 발표하였습니다. 그녀는 매사추세츠 청교도들이 편협한 율법주의적 도덕에 빠져 있음과 성직자들의 권위주의를 비판하면서, 제도화된 신앙과 목회자들의 가르침을 준수하는 것보다는 개인의 직관이 하나님과 구원에 이르는 데 더 중요한 수단이라고 주장했어요. 처음에는 적지 않은 지지를 얻었으나 결국 목회자 비방을 이유로 유죄 판결을 받아 1637년 추방되었고, 1643년 그

---

[72] 참조. 앤허친슨 - Daum사전 http://blog.daum.net/philook/15719967.

녀가 정착해 살던 롱아일랜드에서 인디언에 의해 그녀와 가족이 피살되었습니다.

여성 설교 사역에서 빼놓을 수 없는 것이 퀘이커교의 창시자인 조지 폭스(George Fox)의 아내 마가렛 펠(Margaret Fell, 1614-1702)입니다.[73] 그녀는 "신 앞에 남녀는 평등하며, 신은 모든 이들에게 속하며, 남녀 누구나 교회 안에서 신의 말씀을 설파할 수 있다"고 주장하였습니다. 교회는 처음부터 이런 주장을 받아들여 여성에게 설교와 토론의 기회를 제공하였습니다. 하지만 남성들의 암묵적인 적대감과

▶ 마가렛 펠

여성들의 머뭇거림과 침묵이 지속되자 마가렛은 1675~1680년 사이 여성만의 집회를 조직하였어요. 그리고 교회 안에서 여성들간의 토론과 설교, 여성들만의 행정체계, 자금모금을 위한 바자회, 전도사와 교리를 위한 팜플릿 작성, 결혼식 준비과정 그리고 지역사회봉사를 위한 자선단체 설립 등을 시도하였습니다. 당시 여성 전도사와 설교자의 출현은 교회의 가부장제에 대한 하나의 큰 도전이었던 반면, 여성 집회는 여성들의 행정능력과 여러 가지 관리능력을 입증하는 기회이기도 하였지요.

이러한 여성 설교의 흐름은 18세기 영국의 복음주의 전도자인 존 웨슬리에게 이어졌습니다. 웨슬리도 처음에는 여성의 설교에 대해 소극적이어서 설교가 아닌 '연설'만을 허용했었어요. 하지만 "매가 축구공처럼 내던져질지라도 거머리처럼 달라붙겠다"고 선언하였고, 여성의 공적 설교와 안수를 웨슬리에게 요구했던 메리 보산켓 플레쳐(Mary Bosanquet Fletcher1739-1815)의 노력으로

---

73) 이성숙, "복음주의 페미니즘: 퀘이커 여성과 성병방지법 폐지운동, 1869-1886"http//blog.naver.com/PostView.nhn?blogId=wjfeoaksu&logNo=140007406995.

웨슬리는 '바울'의 일상적인 규칙에도 예외가 있음을 선언하며 여성설교를 허락하게 됩니다. 그 결과 웨슬리는 여성에게도 설교할 권리가 있음을 강조하는 편지를 통해 메리 보산켓 플레쳐라는 여인의 특별소명을 인정하고 그녀를 메소디스트 최초의 여성 평신도 설교자로 허락하였습니다.74)

감리교 비공식 여성 설교자 사라 크로스비(Sarah Crosby, 1729-1804)의 역할도 눈부셨습니다. 그녀는 과부로 삶의 희망을 잃고 살아가던 중 존 웨슬리의 설교에 감동을 받고, 그 당시 영국 국교회에서도 돌보지 않는 악명 높은 교도소에 가서 일반죄수들과 사형수들에게 요한 웨슬레 목사의 설교를 읽어주고 함께 기도를 해주었습니다. 그녀를 통해서 죄수들이 회개하며 주님을 영접하는 영적부흥이 일어났습니다. 하지만 안타깝게도 그녀는 교도소의 전염병에 감염되어 세상을 떠났지요. 존 웨슬리는 그녀의 장례식에서 '가장 신실하게 여기던 감리교인이었던 그녀가 모든 고통에도 불구하고 자신의 신앙을 지키며 어려운 사람들을 도우며 살다가 그 영혼이 하나님께 돌아갔다'고 추모사를 하였습니다. 이 밖에 감리교 여성 순회설교자인 헤스터의 앤 로저스(Ann Roe Rogers of Hester), 공식적인 여성 설교자 사라 말렛(Sarah Mallet) 등이 여성 설교자로서 큰 족적을 남겼습니다.75)

▶사라 크로스비

한편, 미국에서 여성 설교자의 사역이 움트기 시작한 것은 대각성 운동기에 들어서입니다.76) 1차 대각성 운동 당시 활동했던 여성 설교자로는 뉴포트 지역의 회중주의자이자 학교 교사로서 자기 집에서 설교하며 30여 년간(1760-1796) 수백 명을 이끌었던 사라

---

74) 존 웨슬리,『일기』(1771년 6월 13일)

75) 이에 관하여는 다음의 책을 참조하세요. 이정미,『존 웨슬리와 감리교 전통의 여성들』, (서울: 한국학술정보, 2010).

76) 참조. 윌리엄 윌리몬. 리차드 리스쳐(편),『설교학 사전』, p. 530.

오스본(Sarah Osbon)이 있고, 미국 감리교의 어머니라 불리며 미국 최초의 감리교회인 존 스트리트 교회(the John Street Church) 설립에 촉매 역할을 했던 바바라 럭클 헥(Babara Ruckle Heck 1734-1804), 그리고 탁월한 설교은사를 보인 아프리카 감리교 목회자의 아내 자리너 리(Jarena Lee. 1783-1836)등이 있습니다. 하지만 교회는 이들에게 목사 안수를 허락하지 않았습니다.

2차 각성기(1800-1840)에도 수많은 부흥집회를 인도하고 교회를 개척한 아비가일 로버츠(Abigail Roberts), 미국 뿐 아니라 영국 아프리카 인도 등에서 부흥집회를 인도했던 아만다 베리 스미스(Amanda Berry Smith, 1837-1915) 등이 있었지만 이들 여성 설교자들은 완고한 사회 분위기로 인해 안수를 받지 못하였습니다.[77]

이런 흐름 속에서 여성 안수의 첫 발을 내디딘 인물이 탄생했는데 앙트와넷 브라운 블랙웰(Antoinette Brown Blackwell, 1825-1921)이 그 주인공입니다. 그녀는 한 조합 교회로부터 안수를 받았으며 1853년 뉴욕 버틀리에 있는 작은 교회에 부임하였습니다. 이어 올림피아 브라운(Olympia Brown, 1835 -1926)은 지역 회중 차원을 넘어 노회의 결정에 의해 안수를 받은 최초의 인물로 기록되었지요.[78]

▶ 앙트와넷 브라운 블랙웰

여성 안수가 본격화되기 시작한 것은 여성 참정권 운동이 활발해진 19세기에 들어서입니다. 이런 흐름에 힘입어 회중주의자들을 필두로 각 지역 회중의 자치권을 허용하는 그리스도 교회 유니테

---

77) Ruther Rosemary Radfold & Rosemary Keller(Ed.), *Women and Religion in America, Vol 1*, (Harper & Row, 1986), p. 214.
78) Ibid.

리언들이 여성 안수를 수용했고 뒤이어 나사렛교회, 감리교회 그리고 성결교 계열 교단들이 받아들였습니다.

전반적으로 여성의 평등권이 신장되면서 여성 안수는 더욱 확대될 것으로 보입니다. 그럼에도 불구하고 여전히 보수적인 교단에서는 딤전 2:11-14을 근거로[79] 여성의 안수를 금지하고 있습니다. 하지만 사도 바울은 갈 3: 28에서 '남자나 여자나 다 그리스도 안에서 하나'라고 천명합니다. 하나님의 일을 하는데 있어 성적인 차별은 남성 중심의 가부장적 권위가 만든 오래된 산물입니다. 이미 사회에서 남성과 여성의 차별이 철폐되고 있는데 교회가 앞장서지는 못할망정 이를 받아들이지 못하고 역행한다면 교회의 설자리는 점점 줄어들 것입니다. 특히 다원화되어가는 현대 사회 속에서 여성 사역의 중요성이 증대됨을 감안하면 여성에 의한 설교와 사역은 더 이상 미룰 수 없는 시대의 요청이라 할 것입니다.

---

[79] 여자는 온전히 순종하며 조용히 배울지니라. 여자가 가르치는 것이나 남자에게 권위를 행사하는 것을 내가 허락하지 아니 하노니 오직 조용할지니라. 이는 아담이 먼저 지음을 받고 그 뒤에 이브가 지음을 받았으며 또한 아담이 속지 아니하고 여자가 속아 범죄 가운데 있었음이라.

제4장
누구에게 설교하는가?

1. 모든 사람이 예외 없이 설교를 들어야 하나요?

> 어떤 때는 정말 열심히 살고 있고 신앙적으로 부끄러움이 없다고 생각할 경우 설교가 과연 필요한가 하는 생각이 듭니다. 설교 없이도 나 스스로 내 신앙을 잘 지키며 살 수 있지 않나요? 때로 설교자의 설교가 너무 수준 이하여서(?) 지루하고 졸음만 오거나, 설교 내용이 이념적으로 경도되어 나하고 맞지 않을 때 설교를 듣고 싶지 않습니다.
>
> 또 설교자에 대한 부정적인 소문을 들었을 때나 특히 개인적으로 설교자와의 경험이 유쾌하지 않거나 인격적인 결함이 보였을 때에도 설교를 듣고 싶은 마음이 없습니다.
>
> 설교가 커뮤니케이션이라면 듣는 회중이 원하지 않는 경우 듣지 않을 권리도 있는 것 아닌가요? 설교는 모든 사정을 다 무시하고 모두가 반드시 들어야 하나요?

역사를 보면 모든 영역에서 인간을 이해하고 정의하려는 노력이 있어 왔습니다. 신학 역시 이런 노력에서 예외는 아니지요. 아니 정확히 말하면 그 어느 영역보다 더 큰 열심을 가지고 인간을 파악하려 노력했지요. 왜냐하면 하나님이 자기 독생자를 내주면서까지 사랑했던 대상이 바로 인간이니까요. 기독교는 인간이 하나님의 형상(Imago Dei)으로 지음 받았다고 이해합니다. 이런 이해에는 인간은 다른 어떤 피조물과는 달리 생각하고 추리하는 이성적 존재, 선택하고 그 선택에 대해 책임질 줄 아는 의지의 존재인 동시에, 옳고 그름을 아는 양심을 지닌 도덕적 존재 그리고 만남과 교제의 능력을 지닌 사회적 존재라는 뜻을 내포하고 있지요.

하지만 이러한 긍정적인 이해만 있는 것은 아닙니다. 아담과 하와가 하나님을 배반한 이후 성경은 인간을 죄인으로 규정합니다. 그래서 본성적으로 하나님으로부터 멀리 떠나 악으로 향하는 경향을 지닌 존재가 되었지요. 니버(Paul R. Niebuhr)의 인간 이해처럼, 자기 유한성을 인정하기를 싫어하고 자기 한계를 초월하여 하나님처럼 되어 보려는 교만과 육적인 욕정의 존재이자 모든 우선권을 자기 자신에게 두는 자기중심적인 존재가 바로 인간이지요.

▶에드바르드 뭉크의 절규

이러한 죄인으로서의 인간은 결핍의 존재이자 미완성의 존재이기도 합니다. 이것은 인간의 판단이나 업적이 항상 완전할 수 없음을 의미하지요. 인간 문명의 찬란함이 항상 갈등과 분열, 전쟁과 폭력 같은 그림자를 동반하는 것은 바로 인간이 결핍의 존재이자 완전할 수 없는 미완성적 존재임을 잘 드러내는 것입니다. 따라서 인간은 항상 그 결핍을 충족하고 미완성으로부터 완성을 향해 나아가야 하는 존재이지요. 즉 인간은 정체적 존재(Mensch-sein)가 아닌 되어가고 있는 존재(Mensch-werden)이지요. 그러므로 모든 인간은 즉 그리스도 안에서의 완전한 구원을 향해 염원하고 나아가야 하는 도상의 존재(Unterwegssein)입니다. 동시에 인간은 관계성 속에서 살 수밖에 없는 존재입니다. 인간과 인간이라는 현실적인 관계 뿐 아니라 영적으로 하나님과의 관계 속에서 살아가야 합니다.

이렇게 보면 죄인으로서 결핍과 미완성의 존재 그리고 관계의 존재인 인간은 구원을 필요로 하는 구원의 대상이며 하나님과의 관계 속에서 살아가야 하는 존재입니다. 따라서 우리를 위해 하나님이 당신의 뜻을 알려주시는 하나님 말씀을 들어야 하는 것이 인간입니다. 어느 누구도 하나님 말씀에서 제외되거나 면제된 자는 없습니다. 심지어 하나님의 말씀을 전하는 설교자도 예외가 아닙니다. 존 칼빈이 정확히 지적한 것처럼 설교자 역시 하나님 말씀의 첫 번째 회중입니다. 설교자는 설교를 전하는 자이기 전에 먼저 하나님 말씀을 첫 번째로 듣는 설교의 회중입니다!

설교는 그 구성에 있어 보이지 않는 성령과 가시적 요소인 설교자와 성경, 그리고 회중이라는 세 가지 요소를 갖지요. 이런 이해를 통해 분명하게 드러나는 것은 회중은 설교를 완성하는 필수조건이라는 것입니다. 즉 회중이란 하나님의 공적인 말 걸어옴인 설교의 대상이자 대화로서의 설교의 파트너라 할 수 있어요. 이런 하나님의 대화 파트너에서 제외되는 인간은 아무도 없습니다. 만일 스스로 하나님의 말씀을 들을 필요가 없다고 생각하거나 하나님의 대화 파트너를 거부하려 한다면 그것이야 말로 가장 어리석은 생각이자 가장 비극적인 인생이라 할 수 있지요.

물론 설교자가 설교를 잘 하는가 못하는가, 설교자의 이념성향, 설교자의 인격과 설교자에 대한 개인적인 경험 등이 설교의 경청 여부에 중요한 영향을 미치지요. 또 설교 회중의 상황과 신앙 상태 그리고 컨디션과 기분 등도 중요한 역할을 하는 게 사실입니다. 하지만 설교에서 이러한 가변적인 요인이 기준이 된다면 그것은 곤란합니다. 왜냐하면 설교 자체는 전달의 효용성이나 '나의 상황'과 관계없이 늘 있어야 하는 '상수'(常數, constant) 즉 하나님의 순서요 하나님의 일이기 때문입니다. 설교자가 문제가 있다 하여 안 듣는다면 그런 '나' 역시도 설교라는 사건을 중지시키는 부정적 요인이 되는 셈입니다.

2. 설교는 독백인가요?

> 언젠가 모 신학교의 채플에서 작은 해프닝이 있었습니다. 설교자가 한참 설교를 하고 있는데 교수석에 있던 교수 한 분이 손을 번쩍 들고는 '아니 그 문제는 꼭 그렇게만 생각할 건 아니지 않습니까? 이런 방식도 있잖아요? 저는 목사님의 그런 의견에 반대합니다'라고 큰 소리로 외치는 겁니다. 처음 보는 광경에 설교자는 당황해서 설교를 잠시 중단했고 여기저기서 학생들의 술렁거림으로 장내가 소란해졌습니다.
>
> 후일에 들려온 이야기로는 이 사건이(?) 이사회에도 보고가 되어 심각하게 논의가 되었다고 합니다. 이런 방식의 문제제기는 좀더 지혜로워야 했지만 그렇다고 이 교수님의 답답한 마음마저 이해 못하는 것은 아니지요.
>
> 가끔씩 설교를 듣다보면 이해를 넘어서 동의가 안되고, 심지어 마음에 '천불'이 나는 경우도 있거든요. 설교의 일방성은 정당한 것인가요?

사실 우리네 상식으로 설교 중에 회중석에서 이런 식으로 의견을 개진한다는 것은 매우 낯설고 대부분 동의하지 않지요. 아주 오랫동안 기독교의 설교는 설교자 홀로 말하고 회중은 침묵하는 양태로 이어져 왔습니다. 하지만 설교의 역사를 보면 조금 이야기가 달라집니다.

설교의 역사에서 최초로 설교를 지칭한 용어는 호밀리아(Homilia)입니다. 이 단어는 '서로서로 이야기하다'라는 의미를 담고 있습니다. 그러니까 호밀리아는 '대화'라는 뜻이지요. 잘 알려진 것처럼 초대 교회는 혹독한 박해를 겪어야 했습니다. 그래서 사람들 눈을 피해 가정이나 산속의 동굴 혹은 지하 묘지인 카타콤에서 예배를 드렸지요. 예수를 믿으면 죽던 시대이다 보니 예배는 목숨을 걸고 모인 모임일 수밖에 없었고 당연히 인원도 소수에 불과했습니다. 이런 상황이다 보니 오늘 같은 의식화된 예배체계가 갖춰

지지 않았고 설교단이나 설교자의 복장 등도 별도로 정해지지 않았지요.

호밀리아라는 용어가 말해주듯 설교자가 설교하는 동안 그 내용에 의문이 들거나 동의가 되지 않으면 듣고 있던 회중은 자유롭게 질문할 수 있었고 설교자는 그 질문에 답을 하였습니다. 설교가 감동이 되고 은혜를 받았다고 생각하면 손뼉을 치거나 손으로 바닥을 두드리든지 발을 구르는 행동을 통해 반응을 보이곤 했습니다. 말 그대로 이 시절의 설교는 대화였던 셈이지요. 설교는 이렇게 대화로 시작되었습니다.

하지만 이런 '모범적인 설교'는 그리 오래가지 못했지요. 아이러니하게도 기독교가 국교화되면서 설교는 전혀 다른 길을 가게 되었습니다. 예수를 안 믿으면 죽는 강제 선교의 시대가 도래 하면서 교회는 몰려드는 사람들을 수용하기 위해 웅장한 건물을 짓게 되고 예배는 화려한 의식(ritus)으로 치장되었습니다. 설교와 성만찬을 위한 시설도 설치되었는가 하면 성직자들의 복장도 별도로 만들어졌습니다. 행정과 법도 만들어지고 교회의 신학과 교리도 본격적인 체계를 갖추게 되었지요. 외형적으로 보면 기독교는 엄청난 발전을 이룬 셈이지요.

그러나 자발성을 모토로 하는 신앙을 국가가 개입해서 강제화하게 되면 반드시 탈이 나게 되어 있습니다. 당장 우리의 관심인 설교만 보아도 쇠퇴와 변질이 역력하지요. 자신의 의지와 관계없이 예배 참석이 의무가 되다 보니 엄청난 사람들이 교회로 몰려옵니다. 큰 예배당을 가득 메운 천차만별의 사람들, 천차만별의 지적 수준과 각기 다른 신앙 상태 그리고 관심의 다양성! 이것은 하나의 신앙과 하나의 관심으로 모여들었던 과거 카타콤의 회중과는 전적으로 다른 양상이지요.

이런 상황에서 질문하고 대답하는 원초적 대화는 불가능할 수밖에 없습니다. 만일 이런 대화의 방식을 허용한다면 아마도 설교는 난장판이 되었을 겁니다. 결국 이런 상황에서 설교는 전혀 가보지 않은 길을 갈 수밖에 없었지요. 설교자는 홀로 말하고 회중은 침묵하는 '독백'으로서의 설교 말이지요! 그리고 어쩔 수 없이 택한 이 방식이 시간이 흐르면서 '설교의 정석'으로 자리 잡게 되었고요. 그래서 설교 중에 누군가 손들고 의견을 개진하면 이상한 '사건'이 되더란 말이지요.

설교에 대한 진실이 이러하다 보니 다시 '대화'로서의 설교로 되돌리는 것은 그리 간단한 문제가 아닙니다. 우선 그 오랜 세월 동안 사람들의 인식 속에 자리잡은 '설교자는 말하고 회중은 침묵하는' 설교의 정석을 거스르는 것이 쉽지 않지요. 또 중세 교회와는 다르더라도 수만에서 수천 명이 모이는 대형교회가 적지 않습니다. 설사 규모가 작더라도 100여 명만 넘어가도 '대화'로서의 설교를 지향하기가 현실적으로 어렵습니다.

하지만 회중의 규모와 관계없이 설교의 대화적 성격을 살리기 위한 방안은 어느 정도 가능합니다. 가령 2인 대화 설교를 들 수 있어요. 2명의 설교자가 인터뷰하듯이 설교를 진행하는 이 설교는 프랑크푸르트에 위치한 네덜란드계 장로교회의 오랜 설교 방식입니다.80) 두 명의 설교자가 역할을 분담하여 질문과 대답을 하고, 때로는 진행 중에 역할을 바꾸어 진행하기도 하는데요. 이러한 방식을 통해 회중들이 가질 수 있는 궁금증이나 의문사항 등을 반영하여 진행할 수 있겠지요.

또 다른 방법으로는 질의식 대화 설교가 있습니다. 이 설교는 미리 설교를 위한 질문자를 정하고 그들이 회중을 대신해 설교의 주제 및 내용과 연관된 질문을 하게 하는 방식입니다.81) 미리 설교자와 상의하여 설교가 진행되는 동안 질문자들이 차례대로 질문을 던지게 함으로 간접적인 대화설교의 효과를 추구하는 것이지요.

---

80) 정인교, 『특수설교』, (서울: 두란노 아카데미, 2007), p. 187-201.

81) Ibid, pp. 203-204.

이때 설교의 공적 성격을 살리기 위해 3~4명의 질문자들의 자리를 강단 과 회중 사이 혹은 회중의 맨 앞자리에 배치하는 것이 좋습니다.

만일 모이는 인원이 10-30명 규모라면 직접적인 대화 설교도 가능합니다. 대화설교가 효과를 거두려면 참석자들의 적극적인 호응이 필수적이겠지요. 이를 위해 일 주일 정도 시간을 두고 다루려는 주제를 미리 회중에게 알려주어 각자 나름대로 그 주제에 대해 생각하고 준비하도록 하는 것이 좋습니다.[82] 설교의 주제는 가능한 정치, 사상 같은 민감한 분야는 피하고 참석자들이 대부분 경험적으로 공유할 수 있거나 상식선에서 관심을 유도할 수 있는 주제가 좋겠지요. 가령 청소년이라면 성, 친구, 가치관 등의 주제가 호응을 얻을 겁니다. 혼란을 피하기 위해 각자의 자유 발언, 조를 통한 논의 그리고 설교자가 지목하는 순서를 적절히 혼합하는 것이 바람직합니다.

아무튼 시간의 흐름 속에 설교가 외형상 설교자 홀로 말하는 독백의 모양새를 갖게 되었지만 설교는 철저히 대화이고 대화이어야 합니다. 영적으로는 하나님과 인간 사이의 대화이고 현실적으로는 설교자와 회중 사이의 대화입니다. 따라서 설교자는 일차적으로 하나님과의 치열한 대화를 통해 회중을 향한 하나님의 뜻을 물어야 합니다. 현실적으로 설교자는 회중의 신앙과 삶을 돌아보아야 하며 그들에게 가장 필요한 것이 무엇인지를 파악해야 합니다. 이런 작업을 거칠 때 회중은 설교의 내용을 자신의 것으로 받아들이는 대화의 파트너가 되는 것이지요.

---

82) Ibid, pp. 218-220.

3. 설교자와 회중이 설교 계획을 함께 세울 수는 없나요?

> 우리 교회 목사님은 참 좋으세요. 인격적으로 너무 훌륭하시고 성품도 목회자의 이상형이세요. 하지만 설교에 있어서는 아쉬운 점이 있어요. 가장 안타까운 것은 목사님 설교가 현실과 너무 동떨어져 있다는 것이지요. 모든 사람들의 관심을 증폭시키는 핫이슈는 말할 것도 없고 당장 우리 동네에 직면한 공동의 관심사 등에 대해서도 전혀 이야기하지 않으세요.
> 강단은 하나님 말씀을 전하는 곳이라는 것이 목사님의 지론인데 그 말씀을 듣는 회중의 입장은 전혀 고려하지 않으세요. 그래서 참 답답합니다.

우리나라가 군사독재로 어려울 때 집권당에서는 소위 유신헌법에 의한 장기집권을 획책했습니다. 많은 젊은이들이 거리로 쏟아져 나와 유신철폐를 외쳤고 의식 있는 지성인들도 칼 대신 펜으로 결사 항전을 했지요. 당시 가톨릭교회의 구심점 역할을 하던 김수환 추기경은 명동성당에서 미사를 집례하면서 유신정권의 3선 개헌을 강력하게 비판했습니다. 시퍼런 감시의 눈초리가 번득이는 상황에서 그는 성직자에게 주어진 예언자의 직분을 다한 것이지요.

하지만 같은 시각 기독교의 어른으로 추앙받던 OOO 목사님은 설교 시간에 이런 예민한 시국 문제에 대해서는 철저히 침묵했습니다. 후에 이 목사님은 자신의 침묵에 대해 차라리 민주화가 덜 되는 것이 우리나라가 공산화 되는 것보다는 낫다는 해석을 내놨습니다. 이북 출신으로 공산당 치하에서 온갖 박해를 겪고 또 6.25 전쟁의 아픔을 경험한 분이기에 이해가 안 가는 것은 아닙니다만, 두 사람의 대조되는 행보는 그 이후에도 기독교인들 사이에서 오랫동안 회자되었지요. 안타깝게도 이 일로 당시 많은 기독청년들이 교회를 떠나기도 했습니다.

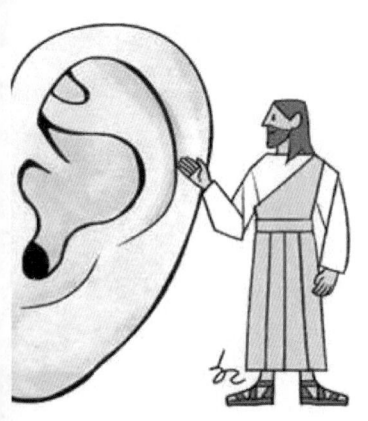

　　물론 이러한 정치적 사안은 입장에 따라 다양한 해석이 있어서 조심스럽습니다만 이 이야기가 주는 교훈은 그런 거지요, 설교가 회중의 기대와 바람을 맹종해서는 안 되지만 그것을 외면하거나 무시해서도 안 된다! 많은 설교자들은 어린아이가 단 것을 좋아한다 해서 사탕만 주면 이가 썩는다고 충고를 한다든지, 철없는 아이가 소주를 마시려 하면 당연히 말려야 한다고 이야기합니다마는 그것은 회중에 대한 지나친 폄하이자 모독일 수 있지요. 물론 인간이 본능적으로 행동하는 것은 부인할 수 없지만 그렇다고 우리 성도들의 수준이 철없는 어린아이는 아니거든요. 오히려 많은 성도들이 지적으로나 인격적으로 또 정신적으로 성숙하지요.

　　현실적으로 설교는 전적으로 설교자의 몫입니다. 바로 여기서 문제(?)가 발생하지요. 가령 설교자는 온종일 거룩의 영역에서 삽니다. 새벽예배를 마치고 오전에 교회에 나와 저녁에 업무를 마치고 사택으로 돌아갈 때까지 성경 연구, 설교 준비, 심방, 상담 등 대부분을 성도들을 위한 목회에 관심과 시간을 할애합니다. 들판의 양처럼 회중을 푸른 초장과 맑은 물가로 인도해야 한다는 목자로서의 사명감은 항상 성경이 제시하는 이상적인 성도를 향해 정조준 되기 마련입니다.

　　하지만 정작 설교의 대상인 성도들의 일상은 목사의 그것과는 판이하게 다르지요. 대부분은 삶의 전쟁터에서 하루하루 처절한 전투를 치릅니다. 거룩한 것과는 전혀 상관없는 일들과 방법들로 생존을 위해 치열하게 삽니다. 당연히 신앙과 양심에 거스르는 얼룩들을 더덕더덕 붙이고 교회에 나옵니다. 고대 교회의 예배가 죄의 용서를 비는 키리에 엘레이손(주여 불쌍히 여기소서! 또는 주여 자비를 베푸소서!)으로 시작하는 것은 다 이유가 있는 것이지요. 바로 여기서 설교자와 회중 사이에 괴리가 생기기 마련입니다. 만일 설교자가 설교를 준비하면서 골방에서 나와 시장 한복판을 한 바

퀴 돌아다녀보기만 해도 간극은 조금이라도 좁혀지겠지요. 나아가 심방과 상담 등을 통해 성도들의 상태를 정확하게 진단하는 것도 중요한 방법입니다.

어쨌든 설교자의 신앙과 세계관 사상적 경향성 개성 등이 설교의 주제와 내용에 지대한 영향을 끼치기 마련인데 현실적으로 한 편의 설교가 완성될 때까지 오로지 설교자 개인 안에서 이 작업이 이루어집니다. 물론 다행히도 성도의 삶을 자애로운 친정어머니처럼 꼼꼼히 살피고 필요한 것을 공급해 주기 위해 최선을 다하는 설교자들이 많습니다마는 그 반대인 경우도 적지 않지요.

지금까지 설교는 누구도 건드릴 수 없는 터부의 영역이었습니다. 그만큼 설교자의 독립성과 존엄성을 교회와 성도들이 인정해 왔다는 것이고 앞으로도 이런 장점을 계속 유지되는 게 좋겠지요. 하지만 만일 설교자와 회중이 서로 따로 국밥처럼 괴리된 상태라면, 그래서 설교자에 대한 만족도가 낮다면 이것은 큰 문제이지요. 설교가 사람을 변화시키는 '사건'이 되는 게 아니라 서로 다른 관심으로 성도의 속을 뒤집어 놓는 사건이 된다면 언제까지나 이런 문제를 방치할 수는 없겠지요.

이것을 시정하는 방법으로 성도 개개인이 설교자에게 의사를 전달하는 것도 방법이긴 합니다만 현실적으로 참 어려운 일이지요. 놀랍게도 많은 성도들이 목사에게 직언하는 것을 매우 어려워하고 심지어 두려워하기도 합니다. '주의 종'에게 감히 그럴 수 없다는 것이지요. 하지만 이런 직언의 방법이 가능한 상황이라면 피할 일은 아니지요.

이것보다 좀 더 합리적인 방법은 교회 내에 소위 설교위원회를 설치하는 것이지요. 미국이나 독일의 경우 이런 비슷한 기구를 설치해서 운영하는데요. 성도들 가운데 신앙 성숙의 다양성을 고려해 5~10명 정도의 '설교위원회'를 구성합니다. 이들을 대상으로 대략 6개월~1년 정도 성서, 신학, 교회, 설교 등에 대해 교육을 시킵니다. 그리고 매주일 설교가 끝나면 오후에 정해진 시간에 모여 그날의 설교에 대해 토론을 합니다. 설교에 사용된 단어나 철자, 정보의 정확성 등을 비롯해 각자의 느낌과 의문점 등을 허심탄회하

게 나눕니다. 그리고 설교의 내용과 주제에 대해 성도들의 의견과 바람을 전달합니다.

　설교자는 이런 모임을 통해 자신의 설교를 객관적으로 들여다보게 되고 성도와의 간극을 좁히게 되지요. 물론 이런 모임이 가능하려면 설교자와 성도 공히 성숙한 신앙 인격이 전제되어야 하고 설교가 지닌 공적 성격과 공익적 목적에 인식을 같이 하여야 합니다. 무엇보다 이런 모임과 의견의 나눔이 설교자를 돕고 교회를 건강하게 하는 중요한 사역임을 공유해야 하지요.

4. 설교는 어떤 태도로 들어야 하나요?

> 신앙이 좋으신 장로님이 계셨어요. 이분은 모든 예배에 항상 맨 앞자리에 앉으세요. 그런데 이분 태도가 극과 극입니다. 많은 경우 설교 시간에 고개를 떨구고 좁니다. 반대로 깨어있는 경우에는 목사님 설교에 시끄러울 정도로 아멘과 할렐루야를 연발합니다. 하지만 연로해서인지 조는 때가 더 많았어요. 그러자 목사님이 장로님을 부르셨고 얼마 동안은 조는 일이 없었어요. 대신 장로님의 반응으로 설교 시간이 시끄러웠지요. 그런데 한 달 정도 지나자 다시 조시기 시작하는 겁니다. 조는 것보다는 차라리 시끄러운게 낫다고 생각한 목사님이 부르셨어요. "집사님, 저하고 안 조시겠다고 굳게 약속하셨잖아요?" "목사님 죄송합니다. 제 집사람이 제가 안 졸고 목사님 설교에 할렐루야를 연발하니까 차라리 조는 게 낫다면서 만일 자기 말대로 하면 매 예배 끝나고 1만원을 주겠다고 했어요!"
> 유머이긴 하지만 설교 시간이 고문인 경우도 적지 않습니다. 목사님만 책임이 있는 것 같지는 않은데요, 회중이 설교를 듣는 바람직한 태도에 관해 알고 싶어요.

설교는 성령과 설교자 그리고 회중이 연합하여 만드는 '사건'(Ereignis)입니다. 설교가 사건이 되려면 이것을 가능하게 만드는 구성원인 각자가 자기의 역할을 해야 합니다. 현실적으로 설교자는 말하고 회중은 침묵하며 듣기에 모든 책임이 설교자에게 있는 것처럼 보입니다만 그렇지 않습니다. 설교가 대화임을 생각하면 비록 외적으로 회중은 침묵하지만 내적으로는 반응하고 대화에 임해야 합니다. 회중이 자신의 역할을 제대로 수행할 때 설교는 독백이 아닌 대화가 되고 사건이 될 수 있습니다. 회중이 해야 하는 역할은 다음과 같습니다.

첫째, 설교에 임하면서 자기 점검이 필요합니다. '나는 정말 하나님과의 화해를 진심으로 원하고 있는가? 하나님과 화해하게 되

면 내 인생이 복잡해진다고 생각하는 것은 아닐까? 하나님의 뜻대로 살려면 포기해야 하는 것이 많은데 정말 나는 그럴 준비가 되어 있는가? 내가 기도할 때마다 하나님의 용서하심을 구하지만 정말 그것이 내가 원하는 걸까? 내가 용서받았다고 느끼면 내가 미워하는 사람에 대한 분노를 내려놓아야 하는데 정말 그런 준비가 되어 있나?' 나의 내면 깊이에 굳게 닫혀 있는 마음의 문을 열 준비가 되어 있는지를 먼저 살펴보아야 합니다. 루이스 스메디스의 말처럼 '우리가 자신을 위해 은혜를 받을 힘을 찾지 못하면 다른 사람들을 위한 은혜도 결코 느낄 수 없습니다.'[83)]

둘째, 설교는 마음의 준비를 하고 들어야 합니다. 여기서 마음의 준비란 1차적으로 경외감을 말합니다. 말씀을 듣는 자는 반감이나 교만함이 아니라 순종의 자세로 들어야 합니다. 이에 대해 존 칼빈의 말을 들어볼까요?

"하나님의 이름으로 선포되는 가르침을 들으려고 올 때 우리는 겸손한 마음으로 준비하고, 우리에게 전해진 말씀을 경외함으로 받아들이며 주의를 기울이고, **뻔뻔한** 생각이나 반역과 교만으로 가득 찬 마음을 품지 말아야 합니다. 반대로 하나님께서 우리를 부르실 때마다 흔히 우리가 마땅히 바쳐야 할 순종을 행해야 함을 깨달읍시다."[84)]

셋째, 설교는 능동적으로 들어야 합니다. 흔히 설교를 듣는 회중의 태도를 보면 믿음으로 충만해서 무슨 말씀이든 '아멘'으로 수용

---

83) 루이스 스메디스, '평범한 사람들을 위한 설교', Haddon Robinson & Craig Brian Larson, 『성경적인 설교와 설교자』, (서울: 두란노, 2006), p. 187.

84) 존 칼빈, Sermon XXIV CO 46, 286. T. H. L. Parker, *Calvin's Preaching*, (Louisville : Westminster, John Knox, 1992), pp.78-79.

하려는 부류가 있습니다. 설교자 입장에서는 매우 환영해 마지않는 회중이겠지요. 하지만 현실적으로 이런 회중의 비율은 그리 높지 않습니다. 이와 정반대로 설교자에 대해 불편한 마음으로 설교를 듣는 부류도 있습니다. 교회에 갈등이 있다든지, 설교자와의 관계가 원만하지 못하거나 설교자에게 실망한 경우가 여기에 해당하는데요. 이런 분들은 설교를 집중해서 듣는데 그 이유가 부정적이지요. 아예 처음부터 마음에 불편함을 가지고 냉소적인 태도로 설교의 꼬투리를 잡으려는 의도로 집중하는 것이지요. 이렇게 되  면 설교 시간이 은혜는커녕 갈등을 증폭시키고 적의를(?) 불태우는 전쟁이 되겠지요. 교회에 큰 갈등이 발생하지 않는다면 그리고 목회자가 정상적인 목회를 수행한다면 이런 부류 역시 소수일 겁니다. 설교자의 입장에서 가장 껄끄러운 상대인 셈이지요.

　이런 양극단의 부류와 달리 설교를 듣는 회중의 대부분은 별 생각 없이 임하기 마련입니다. 설교자에 대한 적대적이거나 호의적인 감정을 가진 것도 아니고 그렇다고 설교에 대해 특별한 기대를 가진 것도 아닙니다. 배고프면 밥을 먹는 것이 자연스럽 듯, 몸에 배인 신앙체질로 시간이 되니 예배에 참석하고 설교시간이니 설교를 듣는 그런 경우이지요. 정말 탁월한 설교가 아니라면 이분들에게 은혜를 끼치기란 쉽지 않습니다. 어찌 보면 '의도적인 비판자'와 더불어 이분들이야 말로 설교자가 승부를 걸어야 하는 타깃입니다.

　우리가 잊지 말아야 할 것은 하나님은 설교 가운데 하나님의 뜻을 나타내신다는 사실입니다. 이런 방법으로, 하나님은 교회를 다스리시고 예수 그리스도께서 선한 목자로서 친히 그 양 떼를 가르치시지요. 따라서 방관자나 무관심한 참여자 또는 의도적인 비난자로 설교에 참여하게 되면 어떤 유익도 기대할 수 없습니다.

　종교개혁자인 존 칼빈은 듣는 것을 '능동적인 참여'라고 규정하고, 들음은 믿음의 행위라고 강조했어요.[85] 그러므로 청중은 온전한 정신자세를 가지고, 선한 목자이신 주님이 자신이 들을 필요가 있다고 생각하는 말씀을 들려주시기를 열망하면서 예배해야 한다고 역설합니다. 그럴 때 청중은 설교가 무엇인지를 명확히 알게 되고, 설교에서 어떤 일이 일어날 것인지를 잘 알게 된다는 것이지요. 따라서 하나님의 말씀인 설교를 듣는 회중의 기본적인 자세는 사무엘이 보여준 것처럼 '주여 말씀 하옵소서, 주의 종이 듣겠나이다!'(삼상 3: 10)가 되어야 합니
다. 설교가 나를 향한 하나님의 말씀이라는 신앙고백 위에 서야 적극적이고 능동적인 경청이 가능해 집니다.

넷째, 설교는 비판적으로 들어야 합니다. 설교에 하나님 말씀이라는 절대적인 권위를 부여한다면 당연히 이에 대한 견제장치가 필요하지 않겠습니까? 악의적이고 오만하게 바뀌고 악용될 소지가 충분히 있기에 확실한 견제장치가 갖추어지지 않는다면 목사직은 중세시대의 사제보다 100배나 더 악용될 수 있을 것입니다. 바로 그 역할을 회중이 해야 한다는 것이지요.

이와 관련하여 존 칼빈은 두 가지를 제시했는데요. 첫째, 회중은 설교자가 하나님이 성경에서 선포하신 것만을 전달하고 있는가를 분별해야 합니다. 즉 설교가 하나님의 말씀에 대한 '증언'(witness)인지 아니면 설교자로서 개인이 하고 싶은 말을 하는 것인지를 보아야 합니다. 둘째, 설교자는 하나님의 파견된 대사의 역할을 수행하는가 아니면 본인이 주권자(the Sovereign)가 되고 있는가를 살펴야 합니다.[86] 설교자의 진정한

---

85) T. H. L. Parker, *Calvin's Preaching*, p. 82.
86) Ibid.

권위는 하나님의 말씀을 위탁받은 '말씀의 봉사자'일 때에만 인정받을 수 있습니다.

하나님의 말씀을 듣는 회중이 언제나 변치 않고 완전히 거룩하게 되거나 하나님 말씀을 전심으로 사랑하는 자가 되면 얼마나 좋겠습니까마는 그런 일은 절대 일어나지 않습니다. 솔직히 말하면 존 칼빈의 진단처럼, '회중은 부르심과 가르침을 따라 무관심과 오만, 일생에 걸친 쉼 없는 싸움을 하는'[87] 존재입니다. 따라서 설교자 뿐 아니라 회중 역시 쉬지 않고 '오소서 성령이여!'라고 기도하며 설교에 임해야 합니다.

---

87) Ibid.

제5장
어떻게 설교하는가?

1. 설교는 알아서 들어야 하나요?

> 제가 친구를 전도해서 교회에 나오게 되었어요. 처음 몇 달은 제 체면을 생각해서 억지로 나와 주는 것 같았어요. 그 후 다행스럽게도 믿음이 들어갔는지 자발적으로 예배에 참석하는 모습이 보여 참 기뻤지요.
> 그런데 어느 주일인가 예배를 마친 후 무척 불편한 표정으로 집으로 가는 겁니다. 말을 걸어도 대답도 하지 않은 채 말이지요. "무슨 일인데 표정이 그리 안 좋아? 무슨 일 있어?" 하도 채근하는 게 귀찮았는지 그 친구가 내뱉듯이 이런 말을 하는 겁니다. "오늘 목사님 설교는 완전히 나 들으라는 설교였어. 아니 사람들 앞에서 개인 이야기를 그렇게 적나라하게 해도 되는 거야?" 저도 함께 설교를 들었지만 솔직히 무슨 이야기를 했는지 별로 기억에 남지 않았거든요. 당연히 그 친구를 염두에 두었다고는 꿈에도 생각 못했지요. 그런데 가끔 제 친구 같은 일들이 벌어지곤 하더군요.
> 설교자는 하나이고 회중은 다수인데 이런 경우 설교자는 누구를 염두에 두고, 또 각각의 회중은 어떻게 설교를 들어야 하나요?

일반 커뮤니케이션을 보면 발전 양상이 비슷하지요. 처음에는 서로 만나서 얼굴을 마주보며 대화를 나누다가 편지를 통해 의사를 교환하고 이것이 후에는 전화 사용으로 발전하지요. 이런 개인적 차원과 별개로 방송과 신문이 등장하고 인터넷, 모바일 커뮤니케이션, 소셜 네트워크 시스템까지 대중 커뮤니케이션이 엄청난 속도로 발전하고 있지요. 이제는 개인 대 개인의 커뮤니케이션을 넘어 1대 다수의 커뮤니케이션을 위해 미디어를 활용하는 시대가 되었어요. 소위 미디어 컨버전스 시대가 도래한 것이지요. 이 시대의 특징은 별개의 제품으로 제공되던 기능이 디지털 기술로 인해 통합되었다는 것입니다. 즉 서로 다른 네트워크 플랫폼이 근본적으로 유사한 서비스를 제공하거나 전화, PC, TV 등과 같은 단말기가 통합되는 현상이 오늘의 특징입니다. 그러나 일반 커뮤니케이션과 달리 설교는 전통적으로 설교자라는 공급자 중심으로 이루어져 왔습니다. 그 바탕에는 설교가 하나님 말씀이고 설교자는 하나님의 전령(Herald)이라는 권위를 인정하고 있는 것이지요. 특히 상명하달식 계급사회에서 이 권위는 확고하게 인정되었습니다마는 오늘날 개인의 주체성과 개체성이 존중되는 시대가 도래하면서 설교 역시 180도 변신을 요청받게 되었지요. 소위 수요자 중심의 설교를 요청하는 시대를 맞이하게 된 것입니다. 그 결과 요즘은 회중의 상황과  처지를 바탕으로 그에 맞는 적절한 설교 메시지를 제공하는 목자형(pastor)혹은 상담가형(counselor) 설교자가 각광을 받고 있습니다.88) 여기에서 가장 중요한 것은 설교자가 얼마나 정확하게 회중의 필요를 파악하고 있는가 하는 것과 회중의 '신앙적 정서적 동의'입니다. 그렇다고 설교가 회중에게 야합하거나 그들의 귀를 즐겁게 하는 것일 수는 없습니다마는 설교자는 영적인 돌봄의 사명을 전제로 이 모든 사역을 감당해야 하는 양면성을 가진 존재이지요. 설교자는 심방과 상담을 통해 회중의 상태(Status quo)를 정확하게 파악해야 합니다. 그들이 하나님의 사람으로 살아가는데 부족한 것이 무엇인지, 시급한 것이 무엇인지를 파악해야 합니다.

설교는 온전한 그리스도인의 양육이라는 목표를 위해 기능합니다. 따라서 그 목표에 맞는 주제들이 설교에서 다뤄지게 되지요. 가령 고전 13장을 바탕으로 설교한다 할 때 설교자는 기독교가 말

---

88) 설교자의 다양한 유형에 관하여는 다음의 책을 참조하세요. 정인교, 『설교학총론』, (서울: 대한기독교서회, 2003), pp. 109-122.

하는 사랑을 이야기할 수 있을 것입니다. 그 과정에서 그릇된 사랑의 행태나 세속적인 사랑의 왜곡 등을 언급할 수 있어요. 때때로 세밀한 사례들을 예화로 들 수도 있을 것입니다. 하지만 그 설교를 듣는 사람들의 사랑에 관한 다양한 사연들을 세세히 다 다룰 수는 없겠지요. 성도들 역시 설교를 자기들의 시시콜콜한 문제들을 직접 다뤄주는 '흥신소'로 착각해서는 안됩니다. 이 설교를 들을 때에 회중은 자기 삶의 영역에서 사랑이라는 주제를 중심으로 자기를 비춰보고 반성하고 기독교적 사랑의 실체에 도달함에 있어 자신의 장단점과 실천할 사안들을 '말씀에 비춰' 스스로 정리하기 마련이지요.

즉 설교자는 '주제'라는 큰 집을 지어주고 그 안의 세부적인 내용은 각기 다른 사연으로 살아가는 회중들이 스스로 채워 넣는 것이라 할 수 있어요. 설교자는 바로 이 주제의 선택과 원리의 제공에서 회중들의 공감을 이끌어내야 하고 그들이 그 주제의 세밀한 부분 속으로 들어올 수 있도록 설득해야 합니다. 다시 말해 설교자가 지으려는 집이라는 설교 주제에 회중이 기꺼이 동의하고 그 집 속으로 들어와 세부사항을 직접 채워 넣도록 설교자는 동기부여와 설득을 해야 합니다.

한국 환상문학 작가인 이영도의 작품 중 하나인『그림자 자국』에 '마음더드미'라는 신조어가 나옵니다. 저자가 만든 신조어인 마음더드미는 타인의 마음에 조금 더 예민한 사람을 의미하지요. 일종의 공감능력을 말하는데 이 단어만큼 오늘날의 설교자에게 절실한 것도 없을 듯합니다. 왜냐하면 오늘의 세상이 너무 복잡하고 좋고 나쁨, 선과 악의 경계마저 모호해졌기 때문입니다. 설교자의 공감능력 즉 마음 더드미가 길수록 공감의 범위와 대상도 넓어지고 그가 짓는 집에 들어올 사람도 많아지기 때문입니다.

물론 1대 다수의 커뮤니케이션이라는 설교의 성격은 장점보다는 단점이 많은 것이 분명합니다. 당연히 설교자는 특정 대상을 전제한 설교를 지양해야 하지요. 상담이 내담자의 상담 내용을 비밀로 하듯이 설교 역시 특정한 개인의 이야기를 공론화해서는 안 됩니다. 설교자는 상담과 심방을 통해 파악한 회중의 영적 상태의 평균치에 주목해야 합니다. 그리고 설교를 듣는 회중들도 설교를 하나님이 내게 주시는 말씀으로 받아들여야 합니다. 설교 속에서 각각의 회중은 자신을 향한 하나님의 음성을 듣기 위해 노력해야 합니다. 그것은 설교자가 나를 지목해서 하는 이야기라고 설교를 사적인 차원으로 오해하는 것과는 다른 이야기입니다. 설교가 나를 위한 하나님의 말씀일 때에 비로소 역사가 만들어지기 때문이지요.

2. 설교는 다양한 형식을 필요로 하나요?

> 우리 교회 원로 목사님은 평생 첫째, 둘째, 셋째로 이어지는 설교를 하셨어요. 전문어로 대지설교라 하던데 단 한번도 이 형식에서 벗어난 적이 없지요. 반면에 후임으로 오신 목사님은 대지설교를 거의 안하세요. 신선하기는 한데 가끔은 설교가 어디로 가는지 맥락을 놓칠 때가 있고 다 듣고나서도 정리가 안되는 때가 많았어요.
> 듣는 사람의 수준이나 예배의 성격 등에 따라 설교의 형태를 달리하면 더 효과적이지 않나 하는 생각을 하는데 의외로 많은 목사님들이 고정된 설교 형식을 사용하시는 것 같아요.

목사의 제자 중 한 사람이 새로운 임지에 부교역자로 부임하여 설교를 하게 되었습니다. 설교학을 전공한 신학도답게 그 목사는 자신이 배운 설교 형식 가운데 논쟁적 설교 형식인 정반합 설교방식으로 설교하였습니다. 설교가 진행되는 동안 젊은 회중들이 귀를 쫑긋 세우고 열심히 경청하는 모습이 설교자 눈에 들어왔어요.

그런데 앞줄에 앉은 장로님 한 분은 설교가 진행되는 동안 눈을 지그시 감은 채 미간을 약간 찌푸리고 있는 게 아닙니까? 설교자는 설교를 하는 내내 그 모습이 마음에 걸렸습니다. 이윽고 예배가 끝나고 문 밖에서 인사를 하는데 그 장로님이 제자목사에게 다가와서 손을 내밀었습니다. "목사님 부임하셔서 첫 번째 설교하신 거 축하드립니다. 그런데 솔직히 저는 목사님이 설교학을 전공하셨다고 해서 한껏 기대를 하고 있었는데 실망했습니다." 장로님의 말을 듣자 제자목사는 가슴이 뜨끔했어요. 통상 인사치레라도 은혜받았다고 말하는 게 상식인데 그것은 고사하고 아예 대놓고 실망했다니. "아이고 장로님 제가 아직 부족해서요. 너그러이 양해해 주세요." "목사님 저는 모태신앙으로 평생 예수 믿으면서 수많은 설교를 들어왔습니다. 오늘 목사님 설교를 들으면서 언제 첫째, 둘째가 나오려나 기다리고 있었는데 설교 끝날 때까지 첫째, 둘째, 셋째는 나오지 않더군요. 저는 대지를 명확하게 제시하지 않는 설교는 설교라고 생각하지 않습니다!"

이런 장로님의 주장에 대해 어떻게 생각하나요? 결론적으로 말하자면 규정으로 정해진 고정된 설교의 형식은 없습니다. 설교의 형식적인 면을 기준으로 보았을 때, 설교는 반드시 이래야 한다라고 말할 수 없다는 것이지요. 역사적으로 보아도 설교가 유래한 회당이나 초기 기독교 공동체에서 설교는 이렇게 해야 한다라고 규정화했다는 기록은 없습니다.

저명한 설교학자인 크래독은 '비록 수사학이 여러 세기 동안 설교학 분야를 지배해 왔지만 구두 전달을 위한 그 형태마저도 '설교를 위한 형식'이라고 불릴 만한 것은 아니었다'89)고 말하였는데 정확한 지적이었지요.

▶ 프레드 크래독

설교의 역사를 보면 설교의 형식보다는 설교의 내용과 목적 그리고 신학적 이해 등에 주목하여 설교를 정의해 온 것도 이런 사실을 증명하는 것입니다. 하지만 그렇다고 설교에서 형식이 불필요하다거나 무가치하다는 것은 아닙니다. 성경을 보면 오히려 굉장히 다양한 형식들이 등장하고 있어요. 어떤 내용도 형식에 담기지 않는 내용은 없습니다. 예를 들어 성경에 나오는 서신들은 당시 회중 앞에서 읽혀졌기 때문에 청중의 이해와 기억을 돕기 위해 눈보다는 귀에 적합한 방식을 사용했습니다.

가령 사도 바울이 서두와 결말 부분이 같은 포괄법을 사용한 것이나 abba형의 교차 대구법 활용, 가족의 의무에 관한 표의 사용 등이 한 예입니다. 요한복음에는 예수님과 니고데모, 예수님과 사마리아의 수가성 여인, 예수님과 마르다, 마리아 자매 등 다양한

---

89) Fred Craddock, 『크래독의 설교 레슨』, 이우제 역, 대서출판사, p. 262.

'대화'가 등장합니다. 그런데 이 대화들은 공통적으로 믿는 자에게 영생을 주시는 하나님의 계시로 종결합니다. 말하자면 요한의 대화는 일종의 설교적 선포 형식이라 할 수 있지요.

반면 누가는 일종의 여정(Journey) 내러티브를 즐겨 사용하여 누가복음에서는 예수님의 여정을 그리고 있고, 사도행전에서는 바울의 여정을 다룹니다. 이러한 여정 형식을 통해 누가는 예수와 바울의 산재된 정보를 통합할 뿐 아니라 순례자의 삶의 이미지를 제시해 줍니다. 또한 사도행전에 여러 차례 등장하는 재판 기사를 보면 변론 형식의 논쟁적 설교의 가능성을 엿보게 합니다.

이러한 예들은 이미 초대 교회에 매우 다양한 형식들이 존재했음을 웅변해 주는 것이지요. 어느 특정하고 고정된 대표적인 형식이 없었을 뿐 오히려 매우 다양한 형식이 존재했다는 것은 오늘 우리에게 많은 시사점을 던져 줍니다. 오히려 중세 교회에서는 말씀 그 자체가 운동력을 가지고 있었음을 강조하다 보니 설교 형식의 필요성이 간과되었습니다. 극장에 불이 났으면 '불이야!' 소리치면 되지 그것을 위해 따로 소리 지르는 형식을 교육할 필요가 있느냐는 논리였어요. 하지만 설교가 불이야! 라는 소리처럼 단발성으로 끝나는 것은 아니잖아요?

설교에서 형식은 내용을 조직화 해주는 역할을 합니다. 말하자면 내용을 말이 되게 하는 역할을 형식이 하는 것이지요. 비근한 예로, 가방, 아버지, 선풍기, 서있다 라는 단어를 나열해 놓으면 그로부터 매우 다양한 의미들이 추론될 수는 있지만 고정된 의미나 화자의 의도 창출은 기대할 수 없습니다. 반드시 논리의 끈으로 엮어 '가방을 든 아버지가 선풍기 옆에 서있다'로 문장화 할 때만이 온전한 의미 파악이 가능하지요. 이걸 확대하면 문장들 역시 하나의 논리적 끈으로 엮일 필요가 있습니다. 그래야 청중이 메시지를 이해하고 화자의 의도를 파악할 수 있습니다.

크래독이 지적하는 것처럼 형식은 흥미를 유발시키고 지속시킴, 청중의 믿음 형성에 지대한 영향을 줌[90], 청중의 참여 태도 결정

등에 유익을 주는 게 사실입니다.91) 하지만 이것보다 더 큰 유익은 설교형식이 설교를 설교답게 하는데 도움을 준다는 것입니다. 이것은 일차적으로 설교가 가진 '경우의 연설'(occasional address)이라는 성격을 보면 이해가 됩니다. 설교는 단지 주일 아침 예배에서만 행해지는 것이 아니라 새벽예배와 저녁예배 오후예배 등 시간대에 따라 다양하게 행해집니다. 또 결혼식장과 장례식장, 돌 기념예배 등 인간의 인생사와 관련해서도 행해지지요. 어린이, 청소년, 청년, 장년, 노년 등 각기 다른 대상에 따라 설교하기도 하고 농촌, 어촌, 도시 등 지역에 따라 혹은 군인, 교도소 수감자, 병원입원자 등을 대상으로 행해지기도 합니다. 이렇게 여러 가지 경우와 대상, 시간과 지역 등의 다양성은 그 다양성에 맞는 최적화된 전달의 틀을 요구하기 마련입니다. 만일 이런 것들을 무시하고 고정된 하나의 형식에 의존한다면 그 설교는 실패할 가능성이 크지요.

또한 설교를 듣는 회중의 지적 수준도 문제가 됩니다. 요즘 귀납적 설교가 유행한다 해서 추론 능력이 떨어지는 노년층이 주류를 이루는 공동체에서 연역적 설교 대신 귀납적 설교를 하는 것은 설교를 불통의 장으로 만드는 것입니다. 반대로 권위적인 선포형 설교자가 추론 능력이 탁월한 석, 박사 중심으로 이루어진 회중에게 연역적 설교를 한다면 이것 역시 비극이 아닐 수 없어요.

나아가 성경 안에 포함된 다양한 문학적 장르에 대한 고려 없이 설교형식을 어느 한 가지로 고정시키는 것도 문제입니다. 설교학자 토마스 롱은 설교형식을 결정하는 데에는 본문의 문학적 형식을 우선적으로 고려해야 한다고 강조했는데 충분히 일리가 있는 지적입니다.

설교의 기본 성격 가운데 시대 접맥성(zeitmaessigkeit)이 있습니다. 즉 설교는 모든 시대를 아우르는 것이 아니라 설교자와 호

---

90) 가령 지시적이고 연역적 방법으로 설교할 경우 수동형 신앙형성의 가능성이 높은 반면 논쟁적 형식으로 설교할 경우 문제의식에 민감한 청중의 배양이 가능해 진다.

91) 프레드 크래독, 『크래독의 설교레슨』, pp. 266-268.

흡하고 있는 특정한 시대 속에서 행해지는 시대성을 갖는다는 것입니다. 따라서 동시대의 커뮤니케이션 구도를 활용할 필요가 있습니다. 오늘날처럼 영상문화와 자의식 고양으로 대변되는 시대는 연역보다는 귀납의 시대이지요. 설교자는 시대의 소통코드를 읽고 설교의 방법에 적극 활용해야 합니다. 말하자면 설교는 이런 면에서 유행을 탄다고 할 수 있어요.

나아가 설교에는 시대를 초월하는 성격이 있습니다. 예를 들어 새벽에는 인간의 바이오리듬이 밑으로 내려갑니다. 장례식장에 가면 모두가 숙연해지고 종교성에 예민해 집니다. 이런 경향은 시대와 관계없이 동일한 인간의 본성입니다. 따라서 새벽에 행해지는 설교나 장례식장에서의 설교는 이런 본성에 부합하는 연역적 방식이 훨씬 유리합니다. 이런 면에서 설교는 유행을 넘어선다고 할 수 있어요.

군인들이 전쟁에 나갈 때는 다양한 무기들로 무장을 합니다. 칼을 쓸 때가 있는가 하면 권총 혹은 기관총을 쏴야 하는 경우가 있고 대포나 발칸포 심지어 미사일을 쏴야 하는 경우가 있습니다. 설교가 행해지는 현장은 영적 전쟁터와 다름없지요. 따라서 설교자는 매우 다양한 상황과 대상 등에 맞는 최적의 설교형식을 활용할 수 있어야 합니다.

'나한테 편한 방식'이 설교자가 택하는 설교형식의 기준이 아닙니다! 설교자는 '이 설교에서 가장 효과적인 전달형식이 무엇인가'를 끊임없이 고민해야 하고, 그것이 설교형식 선택의 기준이 됩니다. 설교자가 고정된 설교형식에 함몰되어 형식의 다양성을 도외시 한다면 그것은 설교자의 직무유기입니다. 설교자의 고정된 형식의 사용은 회중의 고정된 수용논리로 연결되기에 사실은 회중의 수용능력마저 제한시키는 우를 범하는 것입니다.

3. 원고 설교와 무원고 설교?

> 제가 존경하는 교수님은 설교하실 때 반드시 원고를 작성해서 그것에 기초한 설교를 하십니다. 설교를 하실 때에도 가끔 회중을 바라보실 뿐 대부분은 거의 원고에 눈을 박고 원고를 읽어내려 가십니다. 좀 답답한 느낌은 있지만 워낙 설교 내용 자체가 깊이가 있어서 그렇게 원고에 집중해서 읽어 내려가는 설교가 신뢰감을 주더군요.
>
> 반면 부흥회에 오시는 강사 목사님들은 거의 대부분 설교 내내 원고를 보지 않고 설교하십니다. 직업적인 부흥사들은 정해진 레퍼토리가 있다고 하던데, 그래서인지 아예 원고를 안가지고 설교단에 오르는 것 같습니다. 회중과 눈을 마주치며 유창하게 설교하기에 흡입력도 대단합니다. 하지만 어떤 때는 너무 능수능란한 설교가 신뢰감을 떨어뜨리기도 합니다.

제 친구는 중 고등학교 다닐 때 웅변을 했습니다. 군 단위의 대회 정도는 휩쓸고 다닐 정도의 실력도 있었지요. 그 친구가 신학을 하고 안수를 받아 대형 교회의 부교역자로 사역할 때였어요. 웅변할 때 원고를 암기하던 습관이 있던 터라 모든 설교를 다 암기해서 했습니다. 비록 설교 내용이 깊지는 않았지만 암기를 해서 열정적으로 쏟아내는 메시지에 성도들의 반응도 매우 뜨거웠습니다. 그리고... 그 결과는 참담했습니다. 부교역자에게 쏠리는 시선을 못마땅해 하던 담임 목사님에 의해 다른 임지를 알아보라는 해고 통보를 받았기 때문입니다!

설교자가 원고설교를 할 것인가 아니면 원고 없는 무원고 설교를 할 것인가? 이 문제는 당연한 듯 하면서도 의외로 생각할 것이 적지 않은 주제입니다. 설교학자 크래독(Fred Craddock)은 이런 말을 했어요. "모든 방법은 그것의 유익을 위하여 일정한 값을 지불한다. 무원고 설교자의 자유로움과 관계를 선호하는 사람들은 보통 조심스러운 어법과 풍부한 내용에 대해서는 높이 평가하지 않을 것이다. 또, 정확하게 짜여진 구조의 원고설교를 선호하는 사람들은 원고가 덜 인격적이고, 원고 사용이 청중을 강력히 끌어들이는 데는 어려움이 있다는 사실을 받아들여야 한다."92)

그러니까 무엇이 됐든 장단점이 있다는 이야기지요. 우선, 초대 교회 설교자들은 대부분 무원고 설교를 했는데요, 무원고 설교는 청중에게 호소하는 힘이 강합니다. 회중들은 대부분 대화하는 듯한 자연스런 분위기의 설교를 선호하고, 책을 읽는 듯한 설교를 좋아하지 않습니다. 그래서 요즘은 저녁 뉴스나 연두교서처럼 원고가 있는 연설조차도 전달자들은 즉흥적인 움직임으로 보이기 위해 텔레프롬프터(teleprompter)를 사용하잖아요?

무원고 방식은 의사소통 능력과 설득력을 고양시킵니다. 시선이 원고에 고정되지 않는 무원고 설교는 회중과 시선접촉이라는 큰 장점이 있습니다. 베드로가 예수를 배반했을 때 "주께서 돌이켜 베드로를 똑바로 보았다. 그때 베드로는 기억했고... 밖으로 나가 심히 울었다."(눅 22:61)는 기사를 생각해 보세요. 설교는 회중과 시선 접촉을 요청하는데, 그러기 위해서는 바로 원고를 사용하지 않는 것이지요.

무원고 설교는 회중과의 시선접촉이라는 장점 외에도 언어와 문장 스타일에 있어 구어체에 적합합니다. 현대인들이 딱딱한 문서로 된 스타일보다는 구어체로 된 메시지를 들을 때 이해력이 더 높아진다는 점을 염두에 둘 필요가 있어요. 무원고 설교는 구성에 있어 단순함을 요하기 마련입니다. 흥미로우나 부수적인 복잡한 설명들, 완전히 맞지 않는 유추들은 원고 없는 설교에서는 금기사항입니다.

---

92) Haddon Robinson & Carig Brian Larson(Ed.) *Biblical Preaching*, 주승종 외 4인 옮김, 『성경적인 설교와 전달』, (서울: 두란노, 2006), p. 119.

또 무원고 설교는 말하는 순간에 생각을 더하거나 빼는 자유를 주고 나아가 설교단에서 벗어나게 하는 자유 즉 심리적인 자유만이 아니라 육체적인 자유를 주지요. 아담스(Jay Adams)는 "젤리처럼 굳어지게 하는 요소는 설교의 전달에 앞서는 조심스러운 준비와 오랜 생각의 절정"[93]이라 했는데 이것 역시 무원고 설교의 장점을 역설적으로 표현한 것이라 할 수 있지요.

이러한 장점 외에 무원고 설교는 무시할 수 없는 단점이 있어요. 우선 설교 중에 순간적으로 내용을 잊어버려 메시지의 명료함과 효과가 방해받을 수 있습니다. 결정적인 것이 빠질 수도 있고 논리가 흩어지며 서투름과 더듬거림으로 설교의 흐름을 방해할 수가 있어요. 또 설교가 경박하거나 불명확해 질 수 있고 나아가 설교자의 정해진 어휘와 습관적인 표현 등으로 인해 설교가 진부해질 수 있습니다. 또 설교가 은혜가 안 될 경우 회중 입장에서는 설교자의 설교 준비가 부실하다고 판단할 수도 있어요.

설교의 또 다른 유형으로는 원고 설교가 있지요. 설교자들이 원고를 중심으로 설교를 하게 된 것은 종교개혁에 이르러서입니다. 특히 구텐베르크의 활판인쇄술은 설교자들이 원고를 작성하게 하는데 매우 중요한 영향을 미쳤지요. 조나단 에드워즈(Jonathan Edwards)나 리처드 백스터(Richard Baxter) 등의 설교자는 원고 혹은 상세한 개요를 바탕으로 설교에서 효과를 본 대표적인 케이스라 할 수 있습니다. 원고 설교를 하게 되면 우선 설교가 안정성이 있고 정확하며 회중에게 신뢰를 줄 수 있습니다. 나아가 영구적인 기록도 가능합니다.

하지만 이 방법 역시 단점이 있습니다. 우선 원고 설교를 하게 되면 설교 작성 과정에서 '글'을 쓰게 되고 단 위에 올라가서는 그 설교문에 의지하므로 말을 하기보다는 글을 읽는 느낌을 줄 수가 있어요. 또 설교자가 신경쓰지 않으면 읽는 속도와 음성의 고저 등이 일정하여 자연스러움이 반감되게 되지요. 읽는 것은 청중의

---

93) Jay Adams, *Pulpit Speech*,(Phillipsburg, N.J.: Presbyterian &Reformed, 1975), p. 114.

이해력과 기억력을 제한합니다. 심리학자들의 연구에 의하면 어떤 내용이 읽혀졌을 때와 직접 말로 표현되었을 때 기억하는 비율은 각각 49% 대 67%로 차이가 나타났어요.94)

또 원고 설교 방식은 자발성과 즉흥성을 제한하기도 합니다. 무엇보다 이 방법은 회중과의 시선 접촉을 어렵게 합니다. 가령 1667년 스위스에서 제정된 '베른(Bern) 설교자 강령'은 당시의 설교자들이 너무 원고에 눈을 박고 설교하는 것을 시정하기 위해 나온 것으로, 목사들이 즉흥적으로 설교해야 한다는 것을 명문화할 정도입니다. "그들은 주의해야 할 웃음거리이며 청중들의 터 모든 열매와 은총을 제거해버리는 종이 위 앞에서 읽지 말아야 한다."95)

도입니다.
눈에 설교자로부
의 원고들을 회중

이상에서 살펴 본 것처럼 원고 설교든 무원고 설교든 다 장단점이 있습니다. 중요한 것은 어느 누구도 설교자가 전적으로 원고 없이 설교하는 것을 원하지 않는다는 사실입니다. 원고 없이 즉흥적으로 설교하는 것을 회중들은 준비 없이 설교하는 것으로 이해하기 마련입니다. 물론 즉흥적인 메시지들이 때때로 질문에 답하거나 응급처치용으로는 필요합니다. 하지만 규칙적인 가르침 사역에는 잘 맞지 않습니다. 당연히 고정적인 목회 설교에는 원고 설교가 바람직한 방향입니다마는 여전히 남는 문제는 원고의 암기입니다. 위대한 설교학자인 존 스토트(John Stott)의 말대로 "암기하는 것은 엄청난 노력을 요하고 몇 줄의 문장들은 망각할 위험이 상당

---

94) Charles Koller, *Expository Preaching without Notes*, (Grand Rapids: Baker Book House, 1962), p. 39

95) Haddon Robinson & Carig Brian Larson(Ed.) *Biblical Preaching*, p. 127.

하다. 그리고 필요한 정신적 에너지는 너무 커서 설교자는 그의 메시지와 회중 대신에 암기된 원고에 집중해야 한다."96)고 했습니다.

여기서 우리가 잊지 말아야 할 사실은, 냉정하게 말하면 설교자는 '전문 직업인'이라는 것입니다. 연속극에서 탤런트들은 자기가 맡은 역할을 위해 모든 대사를 암기하고 연기에 임합니다. 완벽한 암기를 기반으로 한 연기가 시청자들을 빨아들입니다. 설교자 역시 회중을 장악하려면 먼저 자기가 말할 것을 장악하는 것이 당연하지요.

► 존 스토트

제가 신학생 시절에 출석하던 교회에 부목사님이 부임해 오셨어요. 이삿짐 나르는 것을 도와드리는데 이상하게도 책이 백과사전 한 질 외에는 보이지 않는 겁니다.

"목사님, 짐이 덜 왔나보네요?"
"아니야 다 왔어."
"그런데 책이 안 보이는데요."
"책? 책이 왜 필요해?"
"설교 준비하시려면 당연히 책이 있어야 하잖아요?"
"아니, 설교준비를 왜 해? 강단에 서면 성령님이 말씀을 주시는데!"

와우! 순진한 신학생에게 그 말씀은 경이 그 자체였습니다. 당연히 모든 신학생들이 부목사님이 설교할 날만 고대하고 있었지요. 그리고 마침내 부목사님이 주일 저녁 설교하시는 날이 되었습니다. 그날, 저는 성령님이 그렇게 횡설수설 하시는 것을 처음 봤습니다. 그날 이후 부목사님은 교회를 떠나실 때까지 공 예배 설교를 못하셨지요.

---

96) John Stott, *Between Two Worlds*, (Grand Rapids: Eerdmans, 1982), p. 256.

원칙은 분명합니다. 성령님은 설교단 위에서만 역사하시는 것이 아니라 설교준비에도 역사하십니다. 모든 설교자는 충분히 연구하고 깊이 생각하며 기도하는 중에 설교 준비를 충실히 해야 합니다.

"아무도 그가 이해하지 못하는 주제를 유창하게 말할 수 없다."[97]는 키케로(Cicero)의 말은 설교자에게도 적용되는 진리입니다. 설교 원고를 작성 한 후 실제로 설교하는 것처럼 5~10번 연습해야 합니다. 그리고 그것을 요약 설교(아우트라인)로 만들어서 그것을 가지고 익숙해질 때 까지 연습해야 합니다. "설교 준비는 땀과 노동을 필요로 한다."[98]는 로이드 존스의 말을 실천하는 설교자는 회중 여러분의 기대에도 부응할 수 있을 것입니다.

---

97) Charles Koller, *Expository Preaching without Notes*, p. 85.
98) Martin Lloyd-Jones, *Preaching and Preachers*, Grand Rapids: Zondervan, 1972), p. 80.

4. 강해설교란 무엇인가요?

> 우리 목사님은 주일예배에는 시편 강해설교, 수요예배에는 창세기 강해설교, 그리고 새벽예배에는 사도행전 강해설교를 하세요. 각각의 설교마다 정해진 성경 한 권을 차례대로 설교하시는데 어떤 때는 도움이 되기도 하지만 대부분은 졸리고 지루한 게 솔직한 심정입니다.
> 하나님의 말씀을 깊이 탐구하는 설교인데, 졸린 것은 일차적으로 제 책임이겠지만 다른 한편으로는 강해설교가 정말 저렇게 하는 것이 맞나 하는 생각도 들어요.

성경이란 기록된 하나님의 말씀으로, 기록되어 있는 하나님의 인간에 대한 말걸음입니다. 성경에는 오늘 우리를 향한 하나님의 뜻이 다 담겨져 있습니다. 따라서 이러한 성경의 일정 부분을 본문으로 오늘의 회중에게 그 의미를 밝혀줌으로 회중을 향한 하나님의 말걸음을 조력하는 것은 설교의 가장 기본적인 과제이지요.

포사이드(P. T. Forsyth)가 말한 것처럼 성경은 설교자들에 대한 최대의 설교자입니다. 이런 맥락에서 성경적 설교의 이상을 실현하는데 가장 적합한 방식으로 거론되어 온 것이 강해설교(expository preaching)입니다. '강해(exposition)'라는 말은 '이해할 수 있게 하다', '진술하다'라는 뜻을 담고 있는 라틴어 'expositio'에서 유래한 단어로 '속에 있는 것을 밖으로 끄집어 낸다'라는 의미입니다. 즉 성경으로부터 오늘의 회중을 향한 메시지를 끄집어낸다는 것이 강해설교의 기본개념이지요.

▶ 포 사이드

하지만 이런 간단한 이해와 달리 강해설교를 정의하는 전문가들의 입장에서 보면 사정이 다릅니다. 학자들마다 조금씩 강해설교에 대한 이해가 다릅니다.

화이트셀(F. D. Whitesell)은 성경 말씀에 기초를 두고 그 근본 뜻을 먼저 찾아내며 말씀의 문맥과 의미를 연관지우고 말씀을 깊이 파고 들어가 우주적 진리의 줄거리를 드러내는 것이며, 한 중심 주제에 여러 진리들을 조합하며 수사학적 원리와 논증·예화 등을 사용하여 회중을 감복시키며 적용시키는 것으로 정의합니다99).

브러더스(John A. Broadus)는 본문의 강해에 치중하는 설교를 강해설교로 이해하면서 설교의 중요 내용이 성경 본문에서 나와야 한다고 주장합니다. 리펠드(Walter L. Liefeld) 역시 강해설교를 하나의 기본적 본문을 취급하는 설교로 이해하면서 원저자의 의도에 충실하려는 성서해석학적 성실성을 가져야 한다고 주장합니다. 이런 이해들은 성경 본문을 중심으로 한 설교라는 공통점이 있습니다.

반면에 강해설교에 어떤 형식적인 이해를 첨가하려는 시도도 있습니다. 가령 브래가(James Braga)는 하나의 '긴 본문'을 하나의 주제와 연관시켜 다시 해석하는 것을 강해설교로 봅니다. 바우만(J. Daniel Baumann)은 2절 이상의 본문을 근거하여 주제와 대지는 본문에서 나오고 중심 내용은 본문에서 전개하는 것이 강해설교라고 규정합니다. 영국 성공회 주교인 존 스토트(John Stot)는 성경 본문의 길이가 2절 이상이어야 하고 한 권의 책을 연속적으로 설교하는 것을 강해설교로 봅니다.

이러한 다양한 이해들은 나름대로 장단점을 가지고 있습니다. 미국의 복음주의 설교학자인 해돈 로빈슨(H. Robinson)은

▶해돈 로빈슨

---

99) Faris D. Whitesell, *Power in Expository Preaching* (Westwood, N. J.: Fleming H. Revell Co. 1963), p. 15.

그동안 제시되어온 다양한 견해들을 염두에 두고 좀 더 폭넓은 강해설교에 대한 이해를 제안합니다. 그는 '강해'라는 말은 설교자가 강단에 오르기 전 서재에서 성경과 씨름하는 과정을 일컫는 말이라는 의미에서 설교의 명칭으로 쓰는 것은 바람직하지 않다고 봅니다. 그 대신 그는 '성경적 설교'(biblical preaching)라는 용어를 쓸 것을 제안합니다. 그가 말하는 '성경적 설교'란 '성경 본문의 배경과 관련하여 역사적·문법적·문자적으로 연구하고 발굴하여 알아낸 성경적 개념을 전달하는 것으로, 일차적으로 성령께서 그 개념을 설교자의 인격과 경험에 적용시키며 설교자를 통하여 다시 청중들에게 적용시키는 것'[100]이라고 주장합니다.

강해설교에 대한 설교학자들의 견해가 다양하다는 것은 그만큼 강해설교에 대한 이해가 쉽지 않다는 것을 의미합니다. 실제로 강해설교는 그동안 많은 오해를 받아왔지요. '강해설교는 첫째 둘째 셋째 등의 형식으로 설교하는 것이다', '강해설교는 한 권의 책을 정해 순서대로 설교하는 것이다', '강해설교란 주어진 본문을 한 절씩 차례대로 주석하는 설교이다', '강해설교는 본문의 길이가 최소 한 절 이상이어야 한다' 등등 다양한 의견이 있습니다.

물론 이런 요소들이 강해설교에 부분적으로 대입될 수 있습니다. 특히, 예배와 설교의 기회가 많은 한국 교회에서 한 권의 성경을 연속적으로 설교하는 형식은 아주 중요하고 요긴한 '강해설교'로 자리잡아 온 것도 사실입니다. 분명한 것은 강해설교는 형식의 문제가 아니라 내용의 문제입니다. 학자들의 다양한 견해에도 불구하고 공통적인 요소는 '특정한 성경 본문으로부터 메시지를 추출하고 성경 본문에 충실한 설교'라는 것입니다. 이런 조건을 충족할 수 있다면 그 성경 내용을 어떤 형식에 담느냐 하는 것은 열려있는 자유입니다.

이런 제반 사항을 고려할 때 우리는 강해설교를 다음과 같이 정의할 수 있습니다. 강해설교(expository preaching)란, 성경의 한

---

100) Haddon Robinson, *Biblical Sermon*, 박 영호 역, 『강해설교』, (서울: 기독교 문서선교회, 1983), p. 21.

구절이나 몇 구절을 설교 본문으로 정한 후 그것으로부터 핵심 주제와 메시지를 취하고 그 의미를 오늘의 상황에 적용시키는 설교로, 설교의 전개와 진행이 철저히 성경 본문에 의해 영향을 받는 설교이다!

5. 주제설교란 무엇인가요?

> 우리 교회 고등부 담당 전도사님은 담임 목사님과는 사뭇 다른 설교를 많이 하세요. 담임 목사님은 성경 본문을 정하고 그것을 집중적으로 분석하는 설교를 하시는데 전도사님은 학생들의 고민을 중심으로 성, 직업, 우정 같은 주제들을 많이 다루세요. 학생들에게 유용한 장점이 있는 반면 성경보다는 전도사님의 개인적인 견해가 많이 들어간다는 인상을 받아요. 분명히 전도사님 같은 설교도 필요하긴 한데요, 이런 것을 주제설교라고 하나요?

설교를 일컫는 가장 오래된 용어는 호밀리아(Homilia)입니다. 이 용어는 내용적으로 보면 일종의 주석설교라고 할 수 있습니다. 즉 성경의 장과 절이 없던 시대에 성경 본문을 읽고 그 부분에 대해 설명하고 다음으로 넘어가는 형식이었으니까요. 이 시기는 대체로 기독교의 박해기였습니다. 예수를 믿으면 죽던 시대에 지하무덤인 카타콤에서 목숨을 걸고 예수를 믿던 성도들이다 보니 성경의 단어 하나하나를 풀어나가는 설교방식이 전혀 문제될 게 없었지요.

하지만 콘스탄틴누스 대제에 의해 기독교가 합법화되고 테오도시우스 황제 때에 기독교가 로마의 국교가 되면서 강제 선교의 시대가 열렸지요. 즉 예수를 믿으면 죽던 시대에서 예수를 안믿으면 죽는 시대로 바뀐 것입니다. 소수의 종교에서 다수의 종교가 되면서 기독교는 모든 것이 달라져야 했지요. 대중을 수용하기 위해 카타콤에서 나와 거대한 예배당을 지어야 했고, 예배 언어가 라틴어이다 보니 알아듣지 못하는 대다수 회중을 위해 예배의식을 화려하고 '볼거리가 있게(schau messe)' 채색할 수밖에 없었지요.

다만 설교의 경우는 각 지역과 국가마다 자국어로 하는 것이 암묵적으로 허용되었는데 이때에도 대부분이 문맹자이고 지적 수준이 천차만별인 회중에게 카타콤 식의 주해설교를 한다는 것은 불가

능했습니다. 그래서 설교자는 성경에서 성경 본문을 택한 후 거기서 주제를 추출하고 그 주제를 중심으로 회중의 흥미를 유발하는 설교를 지향했습니다. 이러한 중세교회의 설교를 가리켜 세르모(sermo)라 하는데 여기서 나온 것이 영어의 sermon이고 이것이 바로 주제설교의 시초입니다.

   종교개혁자들은 설교를 나타내는 용어로 세르모(sermo) 대신 콘치오(contio)를 사용했습니다. 이 단어는 '공예배에서 성경의 일정한 부분을 근거로 행해지는 회중 설교'라는 의미를 담고 있습니다. 즉 설교의 자리가 예배이고[101] 설교의 핵심 메시지는 성경으로부터 나와야 하며 그 대상은 오늘의 회중이라는 점을 분명히 한 것입니다.

   하지만 그렇다고 주제설교가 완전히 사라진 것은 아닙니다. 종교개혁자들은 세례를 받기 전에 신앙교육을 시키는 방법으로 이 주제설교 방식으로 택했습니다. 즉 교리교육을 시킴에 있어 하나의 성구가 하나님이나 예수 그리스도, 성령 같은 주제들을 충족시키지 못하거든요? 따라서 가령 하나님을 교육시킬 경우 하나님이라는 주제를 중심에 놓고 그 주제를 충족시킬 수 있는 다양한 성구들을 추출하고 동원하여 그 주제를 충족시키는 방식의 교리적 주제설교를 도입한 것입니다. 이러한 교리적 주제설교는 종교개혁 이후 개신교 설교의 중요한 틀이 되어 왔지요.

---

101) 11세기에는 예배에서 설교가 사라진 '설교 없는 예배'가 행해졌습니다. 설교의 흔적은 그저 수사들이 시장 한편에서 아이들을 모아놓고 성경을 이야기해주는 정도였습니다. 이런 상황에서 종교개혁가들은 설교를 본래의 자리로 돌려놓으려 한 것이지요.

주제설교는 현대 세계에 들어와서 또 한 번 지평을 확장하게 됩니다. 즉 기독교는 현대사회가 쏟아내는 수많은 정치 경제 사회 문화적 이슈들에 직면해 있습니다. 낙태, 자연보호, 환경오염, 동성애, 인권, 통일 등 다양한 이슈에 대해 기독교는 적절한 기독교적 해답과 안내를 해야 합니다. 하지만 전통적인 방법으로 이런 문제들에 대한 적합한 해답을 성경으로부터 찾아내기가 쉽지 않습니다. 그럼에도 불구하고 밀덴베르그  (Friedrich Mildenberg)가 지적한 것처럼 회중들은 당면한 이슈가 하나님이 운영하시는 구속의 역사에서 어떤 의미를 갖는지 알고 싶어 합니다. 설교가 시사보고서는 아니지만 그렇다고 교회 밖 상황에 대해 눈감는 것은 역사를 포기한 기독교일 뿐입니다. 이런 상황에서 새롭게 주목받는 것이 주제설교입니다. 따라서 현대 설교에서의 주제설교란 전통적인 교리를 주제로 다루는 기능이 여전합니다마는 당면한 상황적 주제들을 다루는 또 하나의 기능이 추가되었다고 할 수 있습니다.

이렇게 보면 주제 설교는 다루는 주제에 따라 교리적 신학적 주제 선정(조직신학적 분류에 의한 하나님, 그리스도, 성령, 죄, 인간, 구원 등의 주제 선정)과, 한국 강단에서 가장 많이 사용하는 주제 선정 방법으로 성경 본문에서 드러난 특정 주제나 인물의 선정, 그리고 현대 세계가 쏟아놓는 삶의 현장에서 직면하는 다양한 주제 선정 등으로 나눌 수 있습니다. 전체적으로 주제설교는 성경적 설교와 대비되는 개념으로 논의의 가치가 있다고 여겨지는 하나의 주제를 중심으로 진행하는 설교라 할 수 있습니다.

주제설교는 몇 가지 특징이 있습니다. 첫째, 설교의 중심이 성경 본문이 아닌 해당 주제입니다. 성경 본문의 일차적인 기능은 주제

제공에 있고, 필요한 경우 본문이 설교에서 중요한 역할을 하기도 합니다마는 전체적으로는 성경 본문이 설교의 핵심을 차지하지는 않습니다.

둘째, 주제설교에서는 성경 본문 대신 설교자의 신학적, 사상적 입장이 중요한 역할을 합니다. 설교자 개인의 입장이 설교를 압도한다는 것은 주제설교의 특징이면서도 치명적인 약점일 수 있습니다. 따라서 설교자는 다루는 주제에 대한 성경의 본질적인 견해와 기독교의 보편적인 입장에 신실하게 의존해야 합니다.

셋째, 주제설교는 성도들로 하여금 변화하는 세계의 흐름에 적절한 대응을 할 수 있고 기독교적 가치를 가지고 세상 속에서 당당히 살아갈 수 있도록 하는 근거를 제공해 줍니다.

넷째, 주제설교는 한 구절에 집중하는 성경적 설교에 비해 기독교의 핵심적인 교리나 신학을 포괄적으로 다룰 수 있는 장점이 있습니다.

하지만 주제설교는 매우 조심스런 설교입니다. 무엇보다 준비된 설교자를 필요로 하는 것이 바로 주제설교입니다. 가령 교리적 주제설교인 경우 설교자는 해당 교리에 대해 적확한 지식을 가지고 있어야 합니다. 또 교리를 다루는 설교가 설명 위주로 진행됨에서 오는 지루함을 극복할 수 있어야 합니다. 상황적 주제설교인 경우 해당 주제에 대한 정확하고 최신의 정보를 가지고 있어야 하고, 기독교적 성경적 가치와 입장에서 적절하게 해석을 할 수 있어야 합니다. 지정의(知情意)의 핵심적인 요소를 깊이 있는 설교로 담아낼 수 있는 균형잡힌 설교자를 필요로 하는 것이 주제설교입니다.

6. 연역적 설교에 대해 알고 싶어요!

> 학교에서 연역법에 대해 배웠어요. 그런데 우리 교회 목사님 설교가 학교에서 배운 연역법과 매우 유사하다는 생각이 들어요. 설교에서 전하려는 내용을 먼저 밝히시고 이어 그것을 경험적 사례들을 들어 설명하는 방식이 목사님의 설교형식입니다.
> 명확한 핵심을 먼저 말씀하시고 그것을 나중에 설명하시니 나중에는 지루하긴 하더라구요. 우리 목사님 설교가 연역법에 근거한 것이 맞나요?

논리를 전개하는 대표적인 방법 가운데 하나가 연역법(deduction)입니다. 연역법은 몇 개의 명제가 옳다는 가정 하에 다른 명제도 옳다는 것을 논리적으로 밝히는 방법입니다. '인간은 죽는다. 소크라테스는 인간이다. 그러므로 소크라테스는 죽는다.' 이런 식으로 일반 법칙을 전제로 해서 개별적인 명제를 성립시키는 논증이지요.

전통적인 형식 논리학에서는 삼단논법(syllogism)이라고 부르는데, 아리스토텔레스가 이론적 기초를 이룬 삼단논법은 전제의 성격에 따라 정언삼단논법(定言三段論法), 가언삼단논법(假言三段論法), 선언삼단논법(選言三段論法)으로 구분됩니다.[102] 이중에서 가장

---

[102] 1. 가언삼단논법은 대전제가 가언명제 곧 가정적 표현으로 된 것을 말합니다. 만일 A면 B이다. - A이다. - 그러므로 B이다. 예문: 봄이 오면 뒷산에 진달래가 핀다. 봄이 왔다. 그러므로 뒷산에 진달래가 핀다.

2. 선언삼단논법은 대전제에 선언명제(판단), 즉 선택문이 나타나는 경우입니다. A 또는 B 이다. - A가 아니다. 그러므로 B이다. 예문: 이 바둑알은 백이나 흑이다. - 이 바둑알은 백이다. 그러므로 이 바둑알은 흑이 아니다. 3. 이 외에도 가언명제와 선언명제로 이루어진 양도논법(Dilemma)이 있습니다. 예문: ① 앞으로 나가면 적의 총알에 죽을 것이고 뒤로 물러나면 지휘관의 총알에 죽을 것이다. ② 앞으로 나가거나 뒤로 물러나거나 두 가지 중에 하나

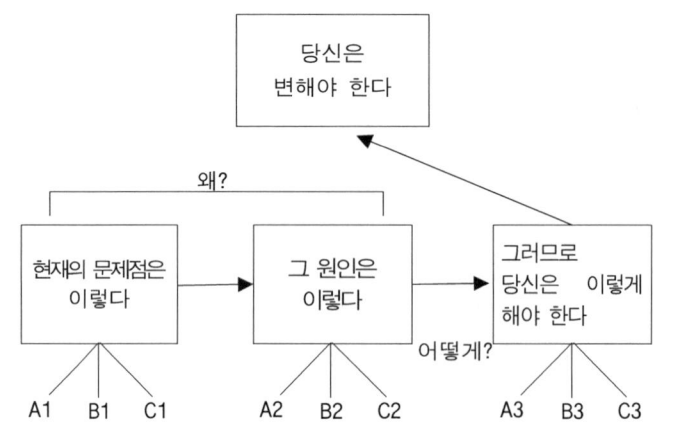

중요한 것은 정언삼단논법으로, 보통 삼단논법이라 부를 때는 이를 두고 하는 말이지요. 위에서 예로든 연역방식이 바로 정언삼단논법입니다.

이 방식은 대전제, 소전제 및 결론의 3단계로 이루어지는데 이 방식으로 예문을 설명하면, '인간은 모두 죽는다.'(대전제) - '소크라테스는 인간이다.'(소전제) - '그러므로 소크라테스는 죽는다.'(결론)가 됩니다. 여기서 결론은 소크라테스와 죽음의 관계를 말하며 대전제는 인간과 죽음의 관계를 그리고 소전제는 소크라테스와 인간과의 관계를 말합니다.

이러한 연역방법은 설교에서 매우 요긴하게 사용할 수 있으며, 또 전통적인 설교를 우리가 연역적 설교라 부르는 것도 사실입니다. 그러나 설교에서 사용되어 온 연역은 논리학에서 주장하는 연역적 방식과는 확연한 차이를 보입니다. 대체로 성경 본문에서 하나의 명제 곧 중심 개념이나 주제를 발췌한 후 그것을 풀어 설명하는 방식과, 6하 원칙(누가·언제·어디서·무엇을·어떻게·왜)의 논법을 중심으로 하나의 주제를 설명해 가거나 명제를 증명하는 방식이 주류를 이루어 왔습니다. 이것은 논리적으로 볼 때 매우 단순한 방식이며 논리의 추론이 단순 증명방식에 지나지 않지요. 그럼에도 이를 연역이라 지칭한 것은 결론적 명제를 앞에 두고 그것을 풀어 설명하는 것이 삼단논법의 논리와 그 형식상 유사

를 선택해야 한다. ③ 그러므로 어느 경우나 총알을 받게 되어 있다. 전통 논리학에서는 가언삼단논법과 선언삼단논법이 궁극적으로 정언삼단논법에 귀착한다고 봅니다.
참조. '삼단논법', http://kr.encycl.yahoo.com/fjnal.html?id=86124.

하게 비춰졌기 때문일 것입니다.

물론 이런 유사 연역 방식은 그 나름대로 하나의 명제를 뚜렷이 부각시킨다는 장점이 있으며 특히 지적 수용 능력이 떨어지는 회중을 대상으로 할 경우 전달의 효과를 높일 수 있다는 장점이 있어요. 그러나 이 방식은 말하려는 내용을 설교의 앞부분에서 정언적으로 서술하고 그것을 반증, 설명 혹은 연역해 나가는 방식으로 일관하기 때문에, 자칫 설교 초반에 밝힌 내용이 회중의 흥미를 끌지 못할 경우 회중의 계속적인 경청이 어려워질 수 있다는 단점이 있습니다. 또 대개의 경우 원리-일반적 상황(사례)-적용이라는 틀에 박힌 논리를 사용하기 때문에 단조로울 수 있고 또 연역에 비약을 가져올 수 있다는 단점이 있어요.

비록 삼단논법의 원리를 기계적으로 모든 설교에 적용하는 것은 바람직하지 않지만, 기존 설교의 천편일률적 방식에 변화를 꾀한다는 의미에서 전통 논리학에서 말하는 삼단논법의 원리를 연구하여 설교에 응용하는 것도 바람직한 대안이 될 것입니다.

7. 귀납적 설교에 대해 알고 싶어요!

> 새로 부임하신 학생부 전도사님이 요즘 교회에서 화제입니다. 왜냐하면 그분의 설교가 매우 독특하기 때문입니다. 마치 한편의 영화를 보는 것처럼 별 상관없는 이야기라고 생각했는데 어느덧 성경이야기로 연결이 되면서 여간 흥미로운 게 아닙니다. 전도사님에게 물어보니 자신의 설교가 귀납적 설교라고 하시네요. 이 기회에 귀납적 설교에 대해 정확하게 알고 싶어요!

2차 세계 대전이 끝나고 1950년대에 들어서면서 서구 교회의 설교자들은 새로운 고민에 빠지게 되었습니다. 그동안 교회의 전통이 되다시피 한 연역적 설교 방법이 회중에게 별로 환영받지 못하는 분위기를 감지하게 된 것이지요. 여기에는 그럴만한 이유가 있습니다. 1,2차 세계 대전은 비행기, 전화, TV 등 과학과 통신 분야에 엄청난 변화와 발전을 몰고 왔어요. 이로 인해 사람들의 커뮤니케이션이 향상되고 수직적인 상하구도는 수평적인 동등구도로 바뀌었습니다. 이런 변화는 설교에도 영향을 미쳤습니다. 즉, 기존의 지시적이고 설명적인 방법인 연역적 설교가 회중에게 먹혀들지 않음을 설교자들이 감지한 것이지요.

기존의 방법 말고 무엇인가 새로운 대안이 필요하다는 인식이 확산되면서 설교자들은 새로운 대안을 찾기 시작했습니다. 지금까지 설교자와 메시지 자체만을 중시했던 설교자들은 설교의 형식과 전달방법 그리고 회중에 대한 분석과 이해의 중요성에 눈을 돌리기 시작했어요. 이런 일련의 변화 움직임을 설교학자 에스링거(Richard Eslinger)는 '새로운 운동(The New Homiletic)'이라 명명했는데 바로 이러한 흐름 속에서 생겨난 것이 귀납적 설교입니다. 말하자면 이 설교방법은 기존의 연역적 방법론에 대한 반성과 새로운 설교 환경에 대한 대안이라는 의미를 담고 있습니다.

귀납적 설교를 이해하기 위해서는 먼저 귀납법(Induction)에 대한 이해가 필요하지요. 귀납법은 귀납적인 추리방법을 체계적으로 조직화한 것으로 귀납논리학이라는 용어를 쓰기도 합니다. 이 방법이 등장하게 된 것은 영국의 철학자이자 경제학자인 프란시스 베이컨에 의해서입니다.

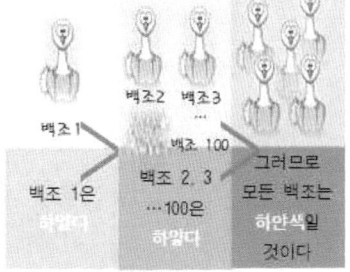

그는 확고한 방법으로 자리잡아온 아리스토텔레스의 연역추리 방법은 단지 기존의 지식을 증명할 뿐 새로운 지식을 얻기에는 부적절하다고 주장하면서 새로운 지식 습득의 방법인 귀납법을 주창하였습니다. 그 이후 베이컨의 이런 정신을 토마스 홉스, 존 스튜어트 등이 이어받음으로써 귀납법이 근대 사상의 중심적인 축으로 등장하게 되었지요.

귀납추리는 덜 일반적인 지식으로부터 더 일반적인 지식을 도출해 내는 원리입니다. 즉 머릿속으로 생각한 법칙을 자연이나 인간에게 들이대는 것이 아니라, 사물을 연구 관찰한 후에 법칙을 세우고 생각을 정리하는 방법이지요. 따라서 여기에는 탐구적이고 창조적인 요소가 필연적일 수밖에 없고, 사회과학이나 자연과학의 기본적인 연구 역시 귀납적 방법을 지향하기 마련입니다.

바로 이러한 귀납법을 설교에 응용하려는 움직임이 1970년대에 일어났는데 그 중심에 선 인물이 프래드 크래독(Fred Craddock)입니다. 하지만 귀납적인 설교 방식이 크래독에 의해 처음 제시된 것은 아닙니다. 이미 생스터(W. E. Sangster)와 데이비스(H. Grady Davis)가 크래독보다 몇 년 앞서 귀납적인 논리를 설교 디자인의 가능성으로 기술했었습니다. 그러나 크래독은 인간 경험과 커뮤니케이션의 현상 위에 개념을 정초시킴으로 추상적으로 흐를 수 있는 위험을 방지했다는 점에서 그의 의미를 찾을 수 있습니다.

그는 전통적 설교 방법인 연역적 설교 방법을 '설교의 천벌'(Nemesis of Preaching)이라고 비판합니다. 왜냐하면 일반적인 진리가 이야기된 뒤 특수한 적용으로 나가는 전통 방법은 성경이 가진 다차원을 간과하고 회중을 일방적인 수동적 경청자로 전락시키며 대지 중심의 진행으로 인해 조각교훈을 양산한다는 것이지요. 이에 대한 대안으로서의 귀납적 설교는 먼저 구체적인 인간의 경험으로부터 시작하여 복음에 내포된 놀라운 결론을 제시하는 방향으로 진행됩니다. 이 과정에서 회중은 강압적인 결론을 주입당하는 것이 아니라 다양한 경험 사례를 듣고 성경적 결론으로 진행되는 과정 속에서 본인 스스로 생각하고 느끼며 결론에 동참하게 됩니다.103)

귀납적 설교의 전개 방법의 특징을 연역적 방법과 비교해 보면 다음과 같습니다.104)

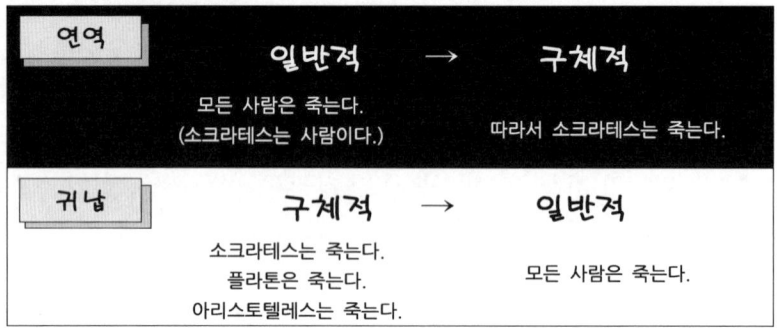

귀납적 방식의 설교에서는 설교자가 설교의 서두에서 설교 주제가 무엇인지 말하지 않습니다. 설교자와 회중은 설교의 마지막 부분에 있는 설교의 메시지에 이를 때까지 설교의 흐름을 따라 이동해 갑니다. 이러한 귀납적 설교의 핵심은 네 가지로 요약할 수 있습니다.

---

103) 이에 관하여는 프래독의 대표적인 저서인 *As One without Authority*, 김운용 역, 『권위 없는 자처럼』(서울: 예배와 설교아카데미, 2003)을 참조하세요.

104) 원래 귀납적 설교에서는 대지를 사용하지 않지만 독자의 이해를 돕기 위해 연역적 설교와의 대비에 초점을 맞춰 도표를 작성하였음을 밝힙니다.

첫째, 이 방법은 설교주제와 관련된 특정한 인간의 경험들(experiences)에 주목하고 이것들로부터 설교를 시작합니다.

둘째, 설교 경험으로부터 결론으로라는 움직임(movement)과 흥미를 자극하는 수사적 치장을 중시합니다.

셋째, 움직임이 자리잡는 틀로서의 단일성(unity)입니다. 이 방법은 연역적 설교처럼 여러 개의 대지를 갖지는 않고 설교 전체가 하나의 주제(one point)에 집중합니다. 따라서 설교의 모든 내용은 이 주제를 중심으로 논리적인 통일성을 가져야 합니다.

넷째는 삶이 경험되어지는 방식을 재창조하기 위해 필요한 상상력(Imagination)이지요. 즉 사실적이고 가능한 것으로 인지되는 경험들을 회중이 설교를 들으면서 경험할 수 있도록 돕는 기능이 바로 상상력이라는 것입니다.

설교는 시·공간과 관계없이 희로애락의 항구적 본질을 갖고 있는 '인간'을 대상으로 합니다. 동시에 그 인간은 본능적 공통점과 달리 시대와 지역에 따른 다름과 유행을 만들어 내지요. 이런 점에서 설교는 불변적 요소와 함께 가변적 요소를 갖습니다. 영상을 넘어 가상현실이 거론되는 현대의 흐름은 분명 귀납적입니다. 이런 점에서 귀납적 설교는 현대인의 기호에 부응하는 방법이라 할 수 있어요.

하지만 귀납적 설교가 인간의 특정한 경험을 강조하다보니 그 경험이 참된 권위로 받아들여지고 성경의 메시지가 뒤로 밀려나는 약점이 있습니다. 또 제시되는 '특수한 경험들'이 회중의 일반적인 경험과 부합할 수 있는가 하는 문제도 고려되어야 합니다. 그럼에도 불구하고 이 방법은 설교에서 의사소통을 강화하고 회중의 참여를 강조하며 회중의 삶의 문제에 대해 적극적인 관심을 표출한다는 점에서 이 시대에 적합한 방법이라 할 수 있습니다.

8. 이야기 설교와 이야기식 설교에 대해 알고 싶어요.

> 복음은 변함이 없는데 설교는 변화무쌍하게 변하는 것 같아요. 저희 교회 전도사님 두 분이 사무실에서 한창 불꽃튀는 논쟁을 벌이시더라구요. 이야기 설교가 맞다, 이야기식 설교가 맞다 하면서 서로 주장을 내세우는데 너무 과열되어 옆에서 보기가 아슬아슬했어요. 도대체 이야기 설교는 뭐고 이야기식 설교는 무엇인가요?

김 권사가 새 신자반의 강사를 맡았습니다. 모태신앙인지라 주일학교 교사와 성가대원, 여전도회 회장 등 교회의 웬만한 직책은 다 맡아보았지만 새 신자반의 강사는 처음이라 은근히 걱정이 되었어요. 자려고 누워도 온통 머릿속에 '어떻게 가르쳐야 하나? 내가 아는 게 별로 없는데...' 하는 생각뿐이었습니다. '그래! 처음 나온 분들에게는 기독교의 가장 중요한 것부터 가르치는 게 좋아. 우선 구약의 십계명부터 가르치고 그 다음 사도신경 주기도문 순으로 외우게 해야지...' 세 명의 새 신자에게 김 권사는 정성껏 십계명과 사도신경 그리고 주기도문을 복사해서 나누어주었어요.

하지만 나이 불문하고 외우는 거 좋아하는 사람이 어디 있겠어요. 새 신자들은 별로 관심을 보이지도 않았고 노골적으로 지루하다는 반응을 보였습니다. 실패였어요! '아, 내가 너무 나 중심으로 생각했어. 이분들 교회 안 나오면 어떻게 하지? 어린아이 하나를 실족시켜도 연자맷돌을 목에 달고 물에 빠지라 했는데 세 번을 빠져야 하나...' 고민하던 김 권사의 뇌리에 번개처럼 스치는 영감이 있었어요. '그래, 교육은 시간이 필요한 거야. 우선 이분들에게 성경에 나오는 재미난 이야기를 해주자!' 김 권사는 세 분에게 전화를 걸어 식사 대접을 하면서 우선 그들의 마음을 붙잡아 놨습니다. 그런 다음 성경에 나온 순서대로 에덴동산 이야기, 카인과 아벨 이야기, 노아의 홍수 이야기 그리고 바벨탑 이야기 등 4주간에 걸쳐 가르칠 내용을 정리했어요. 그리고 주일 예배가 끝나고 새 신자 가족실에서 이분들을 따로 만나 아담과 하와 이야기를 해주었습니다. 이분들의 반응은 놀라웠어요. 익히 알려진 이야기인지라 걱정을 했는데도 너무 흥미진진하게 경청하는 겁니다!

 김 권사의 실패와 성공을 가른 것의 요체는 '이야기'이지요. 십계명이나 주기도문 같은 개념의 나열은 기승전결의 맥락을 형성하지 않고 문장을 구성하는 단어 하나하나가 다 중요한 의미를 지녀서 어느 것 하나 소홀히 수 없습니다. 이것들은 이성을 바탕으로 한 깊이 있는 이해를 필요로 합니다. 자식들 핸드폰 번호도 기억하지 못하는 상태에서 내용도 어려운 십계명이나 사도신경, 주기도문 등이 아무리 애를 써도 잘 외워지지 않지요. '아니 내가 이걸 왜 외우고 있어야 해?' 새 신자들이 이것들을 외워야 할 당위성도 별로 느끼지 못하고요.
 반면에 아담과 하와 이야기는 말 그대로 흐름이 있는 이야기이고 내용을 이해하는 데에도 별반 어려움이 없습니다. 들으면서 자동적으로 이해가 갑니다. 거기다 상황의 반전이 있어 흥미를 유발합니다. 다 듣고 나서도 이야기의 내용이 머릿속에 고스란히 남습니다. 다른 사람에게 이야기해줄 수 있을 정도로 말이지요. 이것이 이야기의 힘입니다.
 인간의 언어 가운데 가장 잘 전파되고 또 숙지되는 것이 이야기입니다. 따라서 성서에 수많은 이야기가 나오고, 이야기가 성서의 하부구조(narrative understructure)를 이루고 있다는 것은 자연스런 일이지요. 하지만 성서에 실린 이 이야기들은 특정한 이야기이면서 동시에 그것을 읽는 사람들을 위한 이야기이기도 합니다. 와일더(Amos Wilder)가 "아마도 신약에 있는 이야기들의 특성은 그 이야기들이 자기들을 위한 이야기로 끝나는 것이 아니라 항상 다른 사람들과 우리들에 관해 이야기함에 있다. 우리가 등장인물과 동일화하여 보는 일은 읽는 모든 이야기에서 일어난다."105)고 한 것은 이런 맥락에서 지극히 정당한 통찰이라 할 수 있습니다. 이야기 설교는 이러한 이야기의 장점을 설교에 활용하자는 취지를 담고 있어요. 이 설교 방식은 형식상의 다양성을 매우 폭넓게 보여주면서도 공히 이야기에 주목한다는 점에서 교훈식, 강의식 설교와는 구별됩니다.

왜 새로운 대안을 이야기하면서 설교학자들은 이야기에 주목할까요? 엘리 위셀(Elie Wiesel)이 "하나님은 인간을 창조하셨다. 왜냐하면 그가 이야기를 사랑하시기 때문이다."106)라고 말할 정도로 이야기에 주목하는 것은 무슨 이유일까요?

새이어(Ruth Sawyer)는 이야기와 인간의 경험은 매우 밀접한 연관성을 갖고 있음에 주목하면서, 인간 역사에서 이야기를 하려는 최초의 노력은 부족의 용맹성을 찬양하는 즉흥적인 노래로 이루어졌다고 주장합니다107). 형태가 어떻든 이야기가 문화를 조직하고 지배하는데 일조(一助)했다는 사실에 대해 부인할 사람은 아무도 없을 것입니다. 처음부터 인간은 자기의 경험을 설명할 필요를 느꼈을 것이라는 사실, 그리고 한 걸음 더 나아가 이야기가 인간의 전체적인 삶을 의미 깊은 부분으로 그리는데 공헌했을 것이라는 것 역시 부인할 수 없는 사실입니다.

"문자 이전에 살았던 사람들은 그들의 지적, 종교적, 사회적, 구성을 이야기를 통해 전수받았던 세계에 살았다."108)는 샘 킨의 주장 역시 이야기와 인간의 연관성을 극명하게 보여주는 대목인데,

---

105) Amos Wilder, *The Language of the Gospel: Early Christian Rhetoric* (New York: Harper & Row, 1964), p. 65.

106) Elie Wiesel, *The Gates of Forest*(New York: Avon Books, 1967), p. 10.

107) Ruth Sawyer, *The Way of the Storyteller*(New York: Viking Press, 1942), pp. 45-46.

108) Sam Keen, *To a Dancing God*(New York: Harper & Row, Publishers, 1970), p. 87.

성경이 문자 시대 이전까지 이야기 위주의 구전(口傳. oral tradition) 형태로 이어져 왔다는 점은 샘 킨의 주장을 잘 대변하는 것이라 할 수 있어요. 말하자면 이야기를 새로운 설교의 대안으로 주장하는 이들은 이야기와 인간 간의 밀접한 관계, 그리고 의사전달에 있어서 이야기의 놀라운 효력을 그 출발점으로 삼았다고 할 수 있습니다.

하지만 새로운 관심으로 대두된 이야기가 설교학의 영역에서 처음 생겨난 것은 아닙니다. 이야기가 신학의 주요 주제로 부상하게 된 것은 이야기 신학(Narrative Theology)이 발생하면서부터이지요. 이야기 신학은 1970년대에 나타난 새로운 신학 방법으로서 인간의 자기 이해를 표현한 이야기의 중요성을 신학적으로 통합하려는 시도라 할 수 있는데,[109] 원래 이 신학적 움직임의 뿌리는 문학비평(literary criticism)과 언어철학까지 거슬러 올라갑니다.

바로 이런 배경을 두고 설교학에서도 이야기에 주목하게 되었는데요. 이야기가 설교학의 한 부분으로 나타나게 된 보다 직접적인 원전(Magna Carta)은 크라이테스(Stephen Crites)의 세미나 원고인 '경험의 이야기 특성(The Narrative Quality of Experience'[110]입니다. 크라이테스로부터 촉발된 이야기와 설교의 만남은 그

---

109) Robert Waznak, *Sunday after Sunday: Preaching the Homily as Story*(New York: Paulist Press, 1983), p. 27.

110) 내러티브의 본질에 대한 언어철학적, 문학 비평적 연구에 대해서는 다음 책을 참조하세요. Robert Scholes and Robert Kellogg, *The Nature of Narrative*(London: Oxford University Press, 1981) and Paul Ricoeur, *Essays on Biblical Interpretation*, ed. Lewis S. Mudge(Philadelphia: Fortress Press, 1980). 크라이테스의 글이 발표된 후 15년 간 내러티브 신학에 대한 많은 책들이 출판되었지만 내러티브 신학이 그 자체의 비판적 성숙의 수준에 오른 것은 Michael Goldberg의 "Theology and Narrative"(*Theology and Narrative: A Critical Introduction(Nashville*: Abingdon Press, 1981)가 출판되면서부터입니다. 또한 내러티브에 대한 관심은 윤리와 교육학의 영역에서도 급속히 퍼져 나갔는데 가령 윤리학에서 James McClendon Stanley

후 미국 및 서구의 설교학자들 간에 새로운 화두로 등장했으며 활발한 논의와 연구를 촉발시켰습니다. 이와 같이 이야기의 중요성을 발견하고 동조하는 것이 비교적 무리 없이 진행된 데 반해, 이야기와 설교의 조합은 그 개념과 성격의 정리부터 형식의 문제에 이르기까지 여전히 정리되지 않은 채 현재 진행형으로 남아 있다고 보아야 할 만큼 쉽지 않은 과제가 되고 있습니다.

당장 이야기인가 이야기식인가 하는 문제를 놓고 견해가 엇갈리고 있습니다. 흔히 사용되는 '이야기식 설교'라는 명칭은 이야기 설교, 이야기체 설교, 설화체 설교 등으로 불리기도 하는데 이런 용어들은 영어의 Story preaching, story-telling preaching, narrative preaching 등을 우리말로 옮긴 것입니다. 이처럼 명칭이 다양한 것은 아직 이 분야에 대한 학문적 정리가 완성되지 않았음을 반영하는 것이고 여전히 논란의 여지를 안고 있음을 암시(暗示)하는 것이지요.

가령 골드버그(Micael Goldberg)가 그의 책 『Theology and Narrative』에서 보인 것처럼 이야기(story)와 이야기식(narrative)을 구분하지 않고 동의어로 사용하는 입장이 있어요. 이에 반해 마이클 윌리암스(M. Williams)처럼 실질적으로 이야기를 들려주는 것(story telling)만을 이야기식 설교라 주장하는 부류가 있는가 하면, 젠센(Richard Jensen)같은 이는 본문이 이야기일 때에만 이야기식 설교가 필요하다는 견해를 피력합니다.111)

이와는 반대로 이야기식 설교를 한 편의 이야기가 언급되지 않았을지라도 '사용되어져야 할 전개 형식'(a pattern of development)으로

Hauerwas 그리고 기독교 교육에서는 Jerome Berryman John Qesterhoff) 등이 이야기가 가진 해석적 모델에 기초한 새로운 접근에 활기를 불어 넣었습니다. 내러티브에 대한 이런 광범위한 관심의 중심에는 역시 성서를 이야기로 보려는 성서학자들의 접근이 자리 잡고 있습니다. (참조: Robert Alter, *The Art of Biblical Narrative* (New York: Basic Books, 1981)

111) Richard Jensen, *Telling the Story*(Moneapolis: Augusburg Publishing House, 1980), p. 128.

보는 입장(유진 로우리, 로버트 휴즈, 루시 로즈, 웨인 브래들리 로빈슨, 리챠드 터런(R. Thulin))도 있어요.[112]

이러한 불일치(不一致)는 일차적으로 story와 narrative라는 두 단어를 동의어로 볼 것인가의 여부와 밀접한 관계가 있습니다. 실제로 미국에서 이 단어들은 거의 구분 없이 같은 의미로 사용되고 있는데 만일 이런 일상적인 영어 사용을 따른다면 이 두 용어는 동일한 의미의 동의어로 호환적(互換的)으로 사용할 수 있을 것입니다.

그러나 이야기식 설교를 주창하는 설교학자들 중 대다수의 경우는 이런 입장을 거부하면서, 이야기식 설교에 대한 확대된 이해를 주장하는데 그 가운데 가장 대표적인 인물이 유진 로우리(Eugene Lowry)입니다. 그는 이 두 단어를 다음과 같이 구분해서 이해합니다.

►유진 로우리

"이야기(story)라는 단어는 매우 제한적으로 사용된다. 이야기는 수많은 문학 양식들, 즉 신화, 비유, 무용담 등에서 나온 이야기(tale)를 말한다. 이야기식(narrative)은 강연(lecture)이 될 수도 있는 특별한 형태를 의미한다. 여러 모델이 가능하지만 ... 내가 의미하는 이야기식 설교는 특정한 시간에 일어나는 사건(event -in- time)이다. 그 사건은 불안정 상태에서(또는 충돌) 계속적인 갈등(혼란)이 지나고 극적 반전으로(peripetia) 그리고 대단원의 끝으로 이어가는 이동이다."[113]

일반인들이 일상적인 생활에서 이 두 단어를 구분 없이 사용하

---

112) Wayne Bradley Robinson, *Journeys toward Narrative Preaching*, 이연길 역, 『이야기식 설교를 위한 여행』, (서울: 한국 기독교 출판사 1998), pp. 12-13.

113) Eugene Lowry, "Paper presented at the Academy of Homiletics Meeting, December, 1988, Drew University). W. B. Robinson, 상게서 p. 13에서 재인용.

는 것에 반해 유진 로우리 등 이야기식 설교를 주창하는 대부분의 학자들은 이 용어들의 적확(的確)한 구분을 주장합니다. 이런 주장은 사전적인 용어 규정이나 기타 학자들의 용어 이해에서도 그 실례를 찾아볼 수 있어요. 가령 홀드만(C. H. Holdman)은 내러티브를 '실제적이거나 가공의 사건들에 대한 시나 산문 형식의 글(an account in prose or verse of an actual or fictional event)'로 광의적으로 정의합니다.114)

숄레스와 켈로그는 '스토리(story)가 있고 이 스토리를 이야기하는 화자(story-teller)가 있는 모든 문예 작품'115)으로 내러티브에 대한 문학적인 정의를 내리는가 하면, 코트(Wesley Kort)는 '플롯, 배경, 인물, 어조가 구성요소로 되어 있는 이야기(discourse)'116)로 교정합니다. 포웰(Mark A. Powell)은 채트만(S. Chatman)의 견해를 받아들여 내러티브를 독자들에게 스토리를 들려주는 문학작품으로 이해하면서 내러티브의 텍스트가 스토리와 담론(discours)의 이중구조로 되어 있다고 봅니다117).

이러한 용어에 대한 구분적 이해를 바탕으로 이야기식 설교의

---

114) C. H. Holdmans, *Revision of W. Thrall & A. Hubbard's A Handbook to Literature*. (Indiana: Odyssey Press, 1972), p. 336.

115) Robert Scholles and Robert Kellogg, *The Nature of Narrative*. (Oxford: Oxford Univ. Press, 1996), p. 4.

116) Wesley Kort, *Story, Text and Scripture: Literary Interests in Biblical Narrative*. (University Park and London: Pennsy Nania State Univ. Press, 1998), p. 16.

117) Mark Allen Powell, *What Is Narrative Criticism?* 이종록 옮김, 『성경이야기 연구: 서사비평이란 무엇인가?』, (서울: 한국 장로교 출판사, 1993), p. 53-54. Seymour Chatman은 그의 책 『이야기와 담론』(서울: 고려원, 1991), pp. 213-27에서 다음과 같이 주장하였습니다. "스토리는 내러티브의 내용 즉 내러티브가 말하려는 것을 가리키며 사건(event), 등장인물(character), 배경(setting)의 세 구성 요소가 특정한 관점을 가지고 상호작용을 일으키면서 전개되는 것이다. 담론은 내러티브의 수사학 즉 스토리가 전개되는 방식이다."

틀을 세운 인물이 로우리인데요, 그는 내러티브를 특정한 스토리나 특정한 사건을 나타내는데 사용할 수 있는 단어로 보면서, 이야기에 있어 공통적인 것 즉 줄거리의 흐름에 대한 수수께끼에서 시작하여 반전(反轉)을 거친 다음 좋은 결과로 맺게 되는 과정은 항상 일정하다는 점에 주목합니다. 즉 전혀 다른 두 개의 프로를 보아도 줄거리 진행의 측면에서 변하지 않는 흐름을 갖고 있는데 그는 이것을 내러티브라고 봅니다.

사실 통상적인 용법에서 내러티브라는 말은 어느 특정한 스토리를 가리킬 수도 있으며 또는 어떤 구술용 대본의 기초가 되는 진행의 흐름이나 전형적인 줄거리 전개 양상을 의미하기도 하지요. 하지만 로우리는 내러티브의 내용을 말할 때에는 스토리를, 내러티브의 형식을 말할 때에는 내러티브를 사용해야 한다고 주장합니다. 즉 로우리는 모든 설교를 갈등의 제시에서 위기의 고조 - 극적인 반전- 결말에 이르는 시간 속의 사건 등으로 이어지는 내러티브의 형식적인 면을 갖추고 있는 것으로 이해합니다.[118]

이렇게 본다면 이야기식 설교라는 것은 인물 사건 배경을 필수적인 요소로 갖는 '이야기'를 설교의 중심축으로 하는 것으로 스토리텔링(storytelling)보다는 훨씬 광범위한 개념이라 할 수 있어요. 즉 이야기식 설교는 이야기를 포함하는 형식을 취할 수도 있고 이야기 없이 이야기를 실어 나르는 틀만을 사용한 설교일 수도 있습니다. 하나의 기승전결 같은 흐름으로 만들어 가는 설교를 이야기식 설교, 설화체 설교 혹은 서사설교라 말합니다.

이야기식 설교는 엄밀한 의미에서 설교의 시작부터 종결까지가 하나의 치밀하게 구성된 작품이라 할 수 있습니다. 단순히 이야기를 반복한다는 의미가 아니라 설교를 이야기가 지닌 구성 요소들을 동원해 '만들어 가야 하는 것'이기 때문에 말씀을 파고 들어가는 관찰력 문제와 갈등을 들춰내는 통찰력 그리고 전체를 하나로

---

[118] 유진 로우리, 『설교자여, 준비된 스토리텔러가 되라』, 이주엽 옮김, (서울: 요단출판사 1999), pp. 25-26.

구성하는 작가적 능력이 필요합니다. 따라서 이러한 준비가 안 되어 있으면 이야기식 설교는 곤란합니다. 이야기란 들려주는 그 자체만으로도 흥미를 돋을 수 있지만 설교는 흥미를 넘어서는 사건이 돼야 하는데 준비되지 않은 설교자들이 시도하는 이야기 설교 혹은 이야기식 설교는 자칫 흥미 이상을 넘어서지 못하는 차원에서 맴돌 수 있습니다. 따라서 이야기식 설교를 하려면 먼저 설교자의 철저한 준비가 필요합니다.

9. 설교에서 영상을 사용하는 것을 어떻게 보아야 하나요?

> 우리 교회 목사님은 요즘 부쩍 설교 때마다 영상을 즐겨 사용하십니다. 처음부터 그랬던 것은 아니고 언젠가 무슨 영상설교 세미나를 다녀오신 후부터 생긴 습성입니다. 또 최근에는 영상설교라 해서 설교 전체를 여러 영상을 섞어 구성하시기도 합니다. 처음에는 그냥 설교를 시작하면서 영상을 보여 주시니까 좀 뜬금없다는 생각이 들기도 했지만 점차 설교의 내용과 조화를 이루다 보니 회중의 반응도 괜찮은 듯합니다.
> 하지만 영상에 이어서 목사님의 설교가 이어질 순서가 되면 집중력이 떨어지고, 설교가 끝나도 영상의 장면만 기억에 남지 목사님 설교는 가물가물한 게 사실입니다. 설교에서 영상의 사용을 어떻게 보아야 할까요?

매체의 발전과 더불어 변화되는 인간은 설교에 있어서도 새로운 패러다임의 필요성을 촉구하게 합니다. 이것은 지금까지 강단이 추구해온 '선포'(宣布)의 일방성이 더 이상 수용되기 어렵다는 사실을 나타내는 것이기도 합니다. 시대의 변화에 따라 복음의 전달방식 역시 변화된 시대의 틀에 적응성을 가져야 하는 것은 지극히 당연합니다. 오늘의 시대를 가리켜 영상시대라고 하지요. TV, 영화 핸드폰 등 영상은 현대인의 일상에서 **빼놓을** 수 없는 필수품이 되어버렸어요. 그러다 보니 설교자들이 영상을 이용하여 설교의 전달효과를 높이려고 시도하는 것은 자연스런 현상이라 할 수 있습니다.

현재 한국 교회의 영상 사용은 동영상과 드라마 찬양과 워십 댄싱 등으로 이루어진 '축제식 프로그램 예배'를 시행하는 몇몇 경우를 제외하고는, 단순히 스크린을 이용하여 설교자의 설교하는 모습을 동영상으로 보여 주거나 성경 본문과 설교의 핵심적인 내용이나 찬송가의 가사를 문자로 보여주는 경우가 대부분입니다. 이것보

다 한 차원 높은 것이 영상설교입니다.
　영상설교는 정보화사회(information society)가 가져온 전달 매체의 소형화(miniaturization), 디지털화(digitalization), 소프트화(software->softening) 그리고 이에 영향을 받은 인간의 변화와 회중의 변화를 염두에 두고 '듣는 설교'에서 '보는 설교'로 설교의 패러다임이 변화되고 있음을 알게 해줍니다. 이것은 시대 변화에 맞추어 전달의 효과를 높이기 위한 실험적 설교방식입니다. 영상설교는 음성, 그림, 문자 등 이질적인 형태의 정보를 디지털 신호 방식으로 통합적으로 처리하고 전송하는 멀티미디어의 기능을 설교에 적극적으로 접맥하여 설교 내용의 전달효과를 극대화하려는 시도라 할 수 있지요. 말하자면 현장감과 입체감을 극대화하기 위하여 입체음향(surround stereo)과 동화상 그리고 3차원의 문자를 설교 진행에 동원하는 설교입니다.
　영상설교는 상대적으로 널리 활용되지는 않지만 그 메시지의 성격에 따라 매우 다양한 구성이 가능합니다. 예를 들어 설교 메시지와 관련된 동화상을 기존의 영화나 드라마로부터 발췌하여 설교 도입부, 설교 중간, 혹은 설교 끝 부분에 내보내주는 방식을 취할 수 있고, 설교자의 설교가 진행되는 동안 설교 내용에 상응하는 정지화면 혹은 동영상을 지속적으로 방영하는 방식도 가능합니다.
　설교에서 영상을 사용한다는 것은 사회의 전달체계의 변화에발 맞추어 '듣는 설교'에서 '보는 설교'를 지향하는 회중의 경향성에 대한 정당한 고려라 할 수 있습니다. 아마 앞으로 가상현실이 대중화되면 설교 역시 이런 과학기술을 설교에 응용하게 될 것입니다. 설교가 과학의 힘을 빌어 전달 효과를 높이기 위해 시도하는 것을 부정적으로 볼 필요는 없습니다. 또 설교를 어떤 고정된 형식으로 이해하여 새로운 형식의 설교나 다양한 장르와 결합된 설교를 거부할 필요는 없습니다. 왜냐하면 설교 역사상 복음의 본질은 불변하지만 그것을 실어 나르는 설교의 고정된 형식이란 존재하지 않기 때문이지요.

하지만 설교의 영상 사용이 여러 가능성과 장점을 갖고 있으며 또 변화하는 회중의 성향과 매체의 패러다임의 변화라는 시대적 요청에 잘 부합하는 특성을 지니고 있다 하더라도 그에 못지않은 많은 문제를 안고 있는 것 역시 부인할 수 없는 사실입니다.

우선 먼저 생각할 것은 디지털 매체가 내용 이해를 위한 순기능으로만 작용하는 것이 아니라는 점입니다. 마샬 맥루한, 에드문드 카펜터 등은 디지털매체가 감각기관의 연장물로 작용하는데, 이 매체가 눈, 귀, 여타기관들 사이에 맞추어진 내적 감각균형을 깬다고 주장 합니다.[119] 특히 움직이는 동영상이 설교와 함께 비춰질 경우 쉼 없이 변하는 동영상은 회중으로 하여금 화면에 집중하게 하기 때문에 그들이 생각할 수 있는 여유를 빼앗아 버리지요. 만일 이런 사실을 고려하지 않은 채 설교하게 되면 회중은 화면의 장면만을 머리에 각인한 채 마치 한편의 영화를 본 기분으로 돌아갈 것입니다. 따라서 보는 것과 듣는 것을 동시에 배치하기보다는 구분하여야 하며, 보는 것이 아닌 듣는 것에 초점을 맞추도록 하여야 합니다. 즉 보는 것은 반드시 듣는 것을 통해 생각되어지고 해석되어지도록 해야 한다는 것이지요.

또 다른 문제는 미디어 자체가 가지는 흡인력과 메시지가 주는 힘 사이의 구별의 문제입니다. 환원하면 미디어 매체가 만들어내는 분위기 때문에 감동되는 것과 메시지 내용 때문에 감동되는 것은 엄연히 구분되어야 한다는 점이지요. 사실 동화상을 설교에 접맥시키는 것은 설교자의 말이라는 일차원과 시청각적 동화상이라는 3

---

119). William F. Fore, *Television and religion : the shaping of faith, values, and Culture*, 김성웅 역 『기독교적 시각에서 본 텔레비전』, (서울: 도서출판 두란노 1991), p. 54에서 재인용.

차원의 결합입니다. 회중의 수용이라는 점에서 본다면 1차원적인 구연보다는 3차원적인 동화상이 훨씬 강한 인상을 심어줄 수 있어요. 이럴 경우 과연 회중의 인상에 각인되는 것은 1차원보다는 3차원적인 수단이 더 큰 효과를 볼 수 있지요. 바로 여기서 문제가 발생합니다.

즉 설교자는 자신의 메시지를 전하기 위한 수단으로 설교의 맥락에 맞는 동화상을 선택할 것입니다. 그런데 현재의 상황에서 사용되어지는 동화상들은 거의가 상업적으로 만들어진 동화상의 일부에서 발췌된 것들이잖아요. 이런 동화상의 문제는 설교자가 전하려고 하는 성서의 메시지만이 아니라 보조수단으로 사용되는 동화상이 담고 있는 원래의 의미가 있었다는 것입니다. 전하려고 하는 메세지는 성서적 복음적인 내용이고 그 동기 자체도 그 범주에 있는 것인데 반해, 보여지는 동화상은 철저히 세속적이고 상업적으로 만들어진 것이지요. 그렇다면 이 두 가지의 상반된 메시지가 회중에게 주어진다 할 때 과연 어떤 메시지가 회중에게 더 어필될 것인가 하는 것입니다.

비록 설교자가 자신이 전달하고자 하는 메시지의 보조수단으로 설교의 맥락을 고려하여 선별한 것이지만, 그리고 동화상으로부터 받는 메시지의 본래 의도는 숨겨져 있는 것이지만, 전달이라는 차원에서 3차원의 보조자료가 우위를 점한다고 할 때 이 문제는 심각히 고려되어야 합니다. 만일 설교자가 동화상을 설교 전반부에 배치하였다면 그것이 끝난 후 이어지는 1차원적 구연으로서의 설교는 이미 전달방식이 복합성에서 단순성으로 넘어가고 있음을 의미하는 것이지요. 이럴 경우 설교자는 회중이 동화상을 통해 받았던 인상을 그대로 유지시켜야 하고 나아가 설교 본래의 메시지로 동화상이 주는 인상을 뛰어넘을 수 있어야 한다는 더 큰 책임을 떠안게 됩니다.

만일 이런 요청을 제대로 수행하지 못한다면 설교의 전달을 위해 도입한 동화상이 설교의 메시지를 압도하는 주객전도가 될 것이고, 이럴 경우 영상의 사용은 설교를 돕는 것이 아니라 설교를 해칠 수 있는 흉기의 기능으로 오용될 수 있음을 명심해야 합니다.

 같은 맥락에서 화상을 통해 다양한 화면을 설교 중 띄워줄 경우 과연 이것이 설교의 집중도를 높이는데 도움이 되는가의 문제도 생각해 보아야 합니다. 게다가 설교 내용에 따라 수시로 동화상을 바꿔서 띄울 경우 회중은 설교자와의 시선접촉보다는 화면과의 접촉에 몰두할 것이며 설교  자를 중심으로 한 회중과 설교자와의 대화는 더더욱 어려움을 겪을 수 있어요.

 또 한 가지 여기서 지적되어야 할 사실은 설교에 동원되는 미디어들은 그 자체로 설교의 메시지를 제공하는 것이 아니라 단지 설교의 메시지를 효과적으로 전달하기 위한 보조수단에 불과하다는 것입니다. 이러한 사실을 전제할 때 뉴 미디어는 본래의 미디어 즉 성경을 넘어서서 그 메시지를 왜곡 내지는 과장 할 수 있다는 위험성이 있다는 것이지요. 즉 성경에 실린 내용을 전달하는 보조수단으로 기능해야 하는 매체들이 성서의 상황과 메시지를 이미지화함으로써 인간의 다양한 감각기관을 자극하고 그것을 통해 전달 효과를 극대화시킨다는 본래의 기능을 넘어서 왜곡된 메시지를 전달 할 수 있는 위험성을 우리는 경계해야 합니다.

 나아가 다매체를 설교에 이용할 경우 예배가 갖는 거룩한 분위기가 훼손될 수 있다는 문제도 반드시 지적되어야 하지요.

 원론적으로 매체의 사용은 사람들의 이해를 돕기 위한 의도에서 시도되는 것입니다. 즉 기본적인 축이 하나님이 아닌 인간에게 주어져 있다는 것이지요. 다시 말하자면 이것은 수용자 중심이라는 현대의 상업적 발상과도 무관하지 않다 할 수 있는데, 이 의도가 실제적인 방식으로 연결될 경우 예배와 설교가 지금까지 견지해온 거룩한 분위기가 훼손될 수 있는 위험성이 있어요. 물론 예배가 갖는 축제적 성격을 무시하는 것은 아니지만 구원의 기쁨을 드러내는 축제와 매체에 의존한 '종교적 쇼'와 같은 인상을 풍길 수 있는 축제와는 근본적으로 다른 것이지요. 중요한 것은 영상이라는 것은 설교에 있어 단지 보조적인 매체에 불과할 뿐 그 자체가 설교일 수는 없다는 것입니다. 따라서 매체의 진보와 변화가 이루어질수록 설교자에게 돌아가는 부담은 더욱 크다 할 수 있습니다.

10. AI(인공지능)가 만든 설교를 어떻게 보아야 하나요?

> 요즘은 어디를 가도 인공지능을 이용한 기기들이 홍수처럼 범람하고 있습니다. 이런 것들이 일상의 생활을 편리하게 하는 것은 사실이지만 사람의 일자리를 빼앗기 때문에 마냥 좋은 것만은 아닌 듯합니다. 인공지능의 위력이 대단하다보니 설교 역시 인공지능의 도움을 받으면 훨씬 편리하겠다는 생각이 듭니다. 하지만 단순한 자료 제공의 조역자를 넘어 인공지능이 설교를 스스로 만든다면 - 기술적으로 당연히 만들겠지만 - 그것을 설교라 할 수 있을까요?

바야흐로 인류는 인공지능(AI) 시대로 서서히 진입해 들어가고 있습니다. 인공지능 (Artificial Intelligence)이란 인간이 가진 지적 능력을 컴퓨터를 통해 구현하는 기술인데 그저 먼 미래의 이야기로 생각하던 세상이 현실로 다가온 것이지요. 요즘은 암 진단을 인공지능이 하는데 사람보다 2배 이상 정확합니다. 인공지능이 환자를 문진하고, 약(藥) 35만 건도 실수 없이 조제합니다. 펀드 투자 예측도 사람이 하는 것보다 수익률이 월등합니다. 북유럽의 소국 에스토니아는 AI판사를 개발해 소액 사건의 판결을 내리게 하고, 중국 하이난 고등인민법원 형사법정도 AI 판사가 과거의 판례를 분석하고 판결문이나 관련 법률 문서 등을 작성하고 있습니다. 인공지능이 방대한 증거를 수집하고 정확하게 분석하다보니 벌써 미국에서는 회계사와 세무사 수요가 8만 명이나 감소했습니다. 새 레시피를 만드는 요리사까지 인공지능이 맡는가 하면 2030년엔 인공지능이 '부장님'이 될 거라고 합니다.[120]

우리나라도 AI 면접관을 채용하는 기업이 1000곳을 넘어서고 있고, 2019년 BNK금융그룹은 금융권 최초로 구글의 대화형 인공지능 언어

---

120) https://lake123172.tistory.com/9427.

인 '버트(BERT : Bidirectional Encoder Representations from Transformers)'를 고객 상담 서비스에 활용하고 있습니다.121) 당장 우리들도 인공지능을 활용한 자율 주행 차량이 상용화되는가 하면 인공지능 비서 스피커를 곁에 두고 사용하기도 합니다. 그러니까 인공지능은 우리 삶의 전반에 이미 깊숙이 들어와 있다고 해야 할 것입니다.

▶로봇승려 마인다

이런 상황에서 종교 분야가 예외일 수는 없겠지요. 일본 교토의 400년 된 사찰 고다이지는 '마인다(Mindar)'라는 로봇 승려를 도입했어요. 이 절의 주지인 고토 덴쇼는 "불교는 신을 믿는 것이 아니라 부처의 가르침을 따르는 것이기 때문에 그것이 로봇, 기계, 심지어 고철덩어리로 표현되더라도 문제가 아니다."라며 인공지능 승려에 대해서 긍정적인 의견을 밝혔어요.

인공지능 성직자가 등장한 건 비단 일본뿐만이 아닙니다. 독일에선 지난 2017년 루터의 종교개혁 500주년을 맞아 인간의 축복을 비는 '블레스유-2' 로봇이 등장했어요. 이 로봇은 7개국 언어로 말할 수 있으며 남성과 여성의 목소리로 축복의 메시지를 전합니다. 또 인도의 힌두교 축제인 '가네시 차투르티'에서는 일찌감치 로봇 팔이 종교의식을 수행해 오고 있어요.

요즘 대부분의 교회에서 5G 기술을 이용해 실시간 모바일 예배를 제공하고, 인터넷뱅킹을 통한 헌금을 시행하는 것도 엄밀히 보면 인공지능의 도움을 받고 있는 것이라 할 수 있지요. 이런 현상

---

121) 손현경, "AI판사·변호사… 인공지능, 사법부·법률자문 넘본다", <메트로신문>,2019-08-13,http://www.metroseoul.co.kr/news/newsview?newscd=2019081300175.

을 통해 우리는 이런 결론을 내릴 수 있을 것입니다. 각 종교의 경전들(성경, 불경, 코란)과 관련 서적들(신앙서적, 논문 등)을 통째로 암기한 '인공지능 성직자'가 해당 종교 분야의 신도들에게 신앙 상담을 해주고, 기도를 해주고, 때마다 필요한 설교를 해주는 일이 가능할 것입니다.

▶독일에 등장한 로봇 성직자

이런 생각이 일리가 있는 것은 인공지능 기술이 계속해서 발전해 간다는데 있습니다. 흔히 인공지능은 약인공지능(Weak AI)과 강인공지능(Strong AI)으로 구분하는데요, 약AI는 자의식이 없는 인공지능으로 주로 특정 분야에 특화된 형태로 개발되어 인간의 한계를 보완하고 생산성을 높이기 위해 활용됩니다. 인공지능 바둑 프로그램인 알파고(AlphaGo)나 의료 분야에 사용되는 왓슨(Watson) 등 현재까지 개발된 인공지능은 모두 약AI에 속한다고 할 수 있지요.

이에 반해 강AI는 사람처럼 자유로운 사고가 가능한 자아를 지닌 인공지능을 말합니다. 인간처럼 여러 가지 일을 수행할 수 있다고 해서 범용인공지능(AGI, Artificial General Intelligence)이라고도 하지요. 하지만 전문가들은 향후 15-20년 사이에 '강인공지능(AGI)'이 보편화되어 인간의 매우 중요한 '협력도구'가 될 것이라고 전망합니다.[122] 만일 이런 세상이 온다면 단순히 '성직자를 대체하는 것' 뿐 아니라 사람들의 종교적 욕구를 온전히 채워주는 '대체 신'의 역할까지 가능하게 될 것입니다.

사실 인공지능의 발전은 인류에게 긍정적인 편리를 제공하지만, 빌 게이츠가 '인류는 인공지능 때문에 멸망한다.'는 섬뜩한 경고를 한 것처럼 심각한 위기를 초래할 수도 있지요. 다른 것은 그만두

---

[122] Nick Bostrom, "he Transhumanist FAQ,"7-19. 해당 사이트: http://www.nickbo stom.com/views/transhumanist.pdf

고 당장 종교 영역만 보더라도 가장 우려되는 것이 '테크노 종교(techno religion)'의 탄생입니다. 이것은 신(神)과는 관계없는 AI의 데이터주의, 알고리즘과 유전자 테크놀로지를 통해 지상에서의 평화와 번영, 불멸과 영생, 가상 낙원의 내세관을 꿈꾸는 신종교 운동을 말하는데요.123) AI와 빅데이터가 주도하는 신세계를 갈망하는 테크노 종교는 생물학적 존재인 호모사피엔스(Homo sapiens)를 넘어 AI와 결합된 생명공학적 존재인 사이보그로 진화되어 '호모 데우스'(Homo-deus)를 추구하는 테크노휴머니즘(techno-humanism)과 연결됩니다.124)

기독교 입장에서 가장 염려스러운 것은 트랜스휴먼(trans human) 운동입니다. 이것은 고대신화, 계몽주의, 다윈의 진화론, 니체, 헉슬리, 네오휴머니즘 등에 뿌리를 두고 포스트휴먼(posthuman)을 핵심 가치로 추구하는 것으로 유전학, 정보기술, 나노기술, 뇌신경과학, 인공지능과 같은 다학문적인 기술융합을 통해 새로운 진화단계로 진입하여 인간의 정신과 육체를 '강화'시키고 사회 전반에 영향을 미치려는 급진적 운동입니다.125) 이것이 위험한 것은 '트랜스휴먼'이 추구하는 과학철학적 지향점인 '포스트휴먼'이 단순히 인간과 AI의 '기능론적' 연결에 그치지 않고 '존재론적'융합을 통해 인간을 신과 같은 존재로 진화시켜 나가려 하기 때문입니다.126) 정말

---

123) 이창익,“ 인간이 된 기계와 기계가 된 신,”「종교문화비평」31권 2017, pp. 213-30.

124) 왕대일, "유발 하라리의 사피엔스와 호모 데우스의 인간이해에 대한 해석학적 진단", 한국신학정보연구원, Canon&Culture 12 (2018), pp.235-55.

125) 신상규,『호모사피엔스의미래: 포스트휴먼과 트랜스휴머니즘』, (서울: 아카넷, 2014), pp. 65-66.

하나님이 주신 지혜로 발달한 과학이 또 하나의 선악과가 될까 두렵습니다.

　설교와 인공지능의 연결은 이미 시작되었어요. 초기 로봇의 단계이기는 하지만 5가지 언어로 축복하고 설교하는 로봇 목회자(Robot pastor), 목사(AIpreacherbot), 로봇 사제(BlessU2) 등이 등장했습니다.127) 특히 설교용으로 제작된 로봇은 설치된 프로그램에 따라 직접 설교문을 작성하는 것은 물론 빌리그래함, 마틴 루터 킹과 같은 위대한 설교자들의 음성과 표현까지를 완벽하게 모방할 수 있습니다.128)

　상식적으로 생각하면 인공지능에 의한 설교는 당연히 거부되어야 할 것 같습니다만 다른 생각을 하는 분들도 적지 않습니다. 한 설문 조사에 의하면 인공지능이 하는 설교(설법)를 묻는 질문에 일반인들은 반대 50.3%, 찬성 30.1%의 반응을 보였어요. 반면 기독교인들은 반대 65.1%, 찬성 20.3%으로 반대가 비교적 높았습니다.129) 하지만 중요한 것은 신자와 비신자를 가리지 않고 인공지

---

126) 이창식, "인간이 된 기계와 기계가 된 신: 종교, 인공지능, 포스트모더니즘", 한국종교문화연구소, 「종교문화비평」31, 2017, pp. 209-213.

127) "obot priest unveiled in Germany to mark 500 years since Reformation", https:// www.theguardian.com/technology/ 2017 /may/30/robot-priest-blessu-2-germany-reformation

-exhibitio n; Gene Veith, Robot Pastors", https://www. patheos.com/ blogs /geneveith/2020/01/robot-pastors/.

128) Antonia Blumberg, "his Pastor Thinks Robot Preachers Could Be In Our Future", https://www. huffingtonpost.com /2015 /04/17/robot-preacher-dailyshow_n_7087566.html.

129) 예장합동총회는 2020년 8월 13~20일 전국 성인 남녀 1000명을 대상으로 온라인(이메일) 설문 조사를 실시하였고 그 결과를 2020년 11월 3일 서울 중구 한국프레스센터에서 열린 'WITH 코로나19 시대 종교 영향도 인식조사 발표와 뉴-노멀 미래사회 대비를 위한 예장합동 총회장·미래정책전략개발위원회 특별 기자회견'에서 발표했습니다.

능 설교에 대한 긍정적인 반응이 적지 않았다는 것입니다. 만일 이런 긍정적 결과의 이유가 'AI가 축적된 방대한 데이터를 바탕으로 훨씬 논리적이고 정확하게 설교를 작성할 수 있고, 특히 하나님에 대한 지식 제공은 사람이든 기계든 상관이 없는 문제로 오히려 기계가 더 나을 수 있다'는 차원이라면 어느 정도 수긍이 갑니다. 사실 지적 물리적 한계를 지닌 설교자 보다는 기계적 알고리즘을 사용하는 인공지능 기술이 정보의 축적과 분석 그리고 논리적 구성 등에서 우월할 수 있지요.130) 또한 감정의 기복도 없고 개인적인 판단이 들어가지 않으니 어떤 점에서는 사람보다 나을 수도 있을 것 같습니다. 하지만 하나님에 대한 지식 제공이나 정보 처리는 설교의 필요조건은 될지언정 충분조건이 될 수는 없습니다. 오히려 하나님에 관한 정보의 제공은 '교육'에 가깝다고 할 수 있지요.

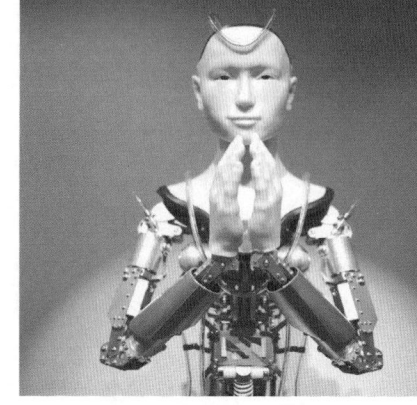
▶ preacherbot

　설교란 인간에 대한 하나님의 공적인 말걸음입니다. 설교는 단순히 지적인 정보의 전달이 아니라 영적인 교감 하에 '변화'를 목표로 이루어지는 '사건'(Ereignis)입니다. 즉 하나님이 당신의 형상(Imago Dei)으로 지음받은 하나님의 백성들을 향해 당신의 뜻을 드러내는 하나님의 봉사(Gottesdienst)로, 영적·인격적·의지적 사건입니다. 또한 설교는 설교자와 회중 사이의 인격적인 교류와 공감, 신앙적, 신학적인 동일성, 사랑과 존경의 상호 감정을 토대로 하지요.

　반면에 AI는 하나님의 형상인 인간의 일부를 모방해 만든 기계요 로봇일 뿐입니다. 인공지능에는 하나님이 인간에게만 주신 '영

---

http://www.newsnnet.com/news/articleView.html?idxno=7355.

130) 최윤식, 『최윤식의 퓨처 리포트, 빅 테크놀러지 편』, (서울: 생명의 말씀사, 2018), p. 117.

혼'이 없습니다. 영이 없는 인공지능은 성령님의 감동이나 영감, 인도하심을 받을 수 없지요. 당연히 성령의 인도하심을 받으며 하나님과 영적 관계를 맺는 자녀(롬 8:14-15)가 될 수 없지요. 설사 기술의 진보로 기계가 감정을 표현한다 해도 그것은 설계된 프로그램의 작동일 뿐 인격적인 진정성과는 거리가 멀지요.

따라서 우리 기독교인들은 인공지능의 본질을 정확히 꿰뚫어 보고 인공지능 설교의 정체를 분명히 인지해야 합니다. 성직자든 일반 성도든 우리 모든 성도들에게는 하나님이 주신 지식과 지혜를 관리하고, 이를 통해 세상에 죄악의 관영함을 막고, 인류 문명이 타락하는 것을 저지해야 할 책임이 있음을 잊지 말아야 합니다.[131]

이런 맥락에서 교계의 AI 전문가들은 소위 '착한 인공지능' 제작에 관심을 기울여야 합니다. 즉 성경의 언약과 교리 등을 AI 로봇의 절대기준과 규범으로 설정하며, 하나님의 형상으로서 인간의 존엄과 사회공동체의 공공선을 위해 로봇이 인간제작자의 명령에 복종하는 방향으로 AI를 설계, 제작할 수 있도록 해야 합니다. 또 AI를 향해 인간설계자가 성경의 절대규범에 벗어난 명령을 시행하도록 할 때, 이를 AI가 거부할 수 있도록 설계하는 것도 추진해야 합니다.[132] 기술은 기술일 뿐입니다. 그것이 축복이 되는가, 재앙이 되는가는 사용하는 인간에게 달려 있습니다.

---

131) 최윤식, 『최윤식의 퓨처 리포트, 빅 테크놀리지 편』, p. 120.

132) 박현신, "인공지능혁명(AIR)에 대한 교회의 대응에 관한 연구: 설교자의 역할을 중심으로"「복음과 실천신학 57」, p. 99.

제6장
설교는 어떻게 변해왔는가?

1. 설교의 기원에 대해 알고 싶어요!

> 언젠가 등산을 갔다가 내려오는 길에 마곡사라는 절에 들렀는데 마침 대웅전에서 스님 한 분이 설법을 하는 것을 보았어요. 신도들이 쭈그리고 앉아 말없이 받아 적기도 하는 모습이 교회의 설교와 비슷하다는 생각이 들었어요. 다만 스님이 편하게 앉아 설법하는 것은 다르더라구요. 천주교에는 강론이 있는데 이름만 다를 뿐 교회의 설교와 다를 바 없지요. 아무튼 각 종교마다 자신들의 교리와 가르침을 전한다는 점에서는 매우 유사하다는 생각이 들었지만 유래는 각기 다를 것 같아요.
>
> 제가 궁금한 것은 설교가 어떻게 생겨났느냐 하는 것입니다. 하늘에서 뚝 떨어진 것은 아니죠?

설교가 하나의 연설이라는 측면에서 보면 고대 히브리 예언은 종교적 도덕적 목적과 내용에서 설교의 그것과 유사한 점이 있습니다. 사무엘(주전 1050년경)로부터 예레미야(주전 629년경)에까지 이르는 시기는 이스라엘 역사에 있어 위대한 선지자의 시대로 사무엘 나단 엘리야 엘리사 요엘 미가 이사야 예레미야 등 많은 선지자들이 등장했잖아요? 에스겔과 다니엘 그리고 말라기까지의 말기 히브리 선지시대 즉 바벨론 포로 시대로부터 포로 귀환과 그 이후까지에 해당하는 기간에도 수많은 이스라엘의 선지자들이 등장했지요. 이들의 사역은 인물별로 조금씩 다르지만 궁극적으로는 하나님의 메시지를 받아서 이스라엘에게 전달함으로 그들의 영적 도덕적 윤리적인 문화에 헌신했다는 공통점이 있어요. 이들의 활동은 그 내용과 기능에서 설교와 매우 유사한 게 사실입니다.

하지만 오늘의 설교와 관련하여 보다 직접적인 연관을 맺고 있는 것은 회당의 예배입니다.[133] 제물을 매개로 제사를 드리던 예

---

133) 회당(synagogue)이란 말은 syn(함께)과 ago(인도하다. 데려가다)의

루살렘 성전과 달리 회당에서는 제물 대신 '말씀'이 등장했지요. 회당에서의 예배는 회당장(아르키쉬나고고스,αρχισμναϒωϒοϚ)이 관장했는데 대체로 다음과 같은 내용으로 이루어져 있습니다.134)

1. 쉐마의 낭독

회당 예배는 쉐마(신 6: 4-9. 11: 13-21. 민 15: 37-41)의 낭독으로부터 시작합니다.(신 6:4-9) '쉐마'는 '듣다'라는 의미를 가진 히브리어 동사 '사마아'의 명령형으로서 '들어라'라는 뜻입니다. 이

합성어입니다. 회당은 가장(家長) 10명이 모일 수 있는 곳이면, 어느 곳에나 설립할 수 있었고 회중석에는 13세 이상의 남성만이 출입할 수 있었어요. 13세가 되는 소년은 바르 미츠바(Bar Mitzvah)라 하여 민얀(minyan)이라고 하는 종교적 정회원이 될 수 있었지요. 회당에는 '산헤드린'이라는 의회가 있는데, 큰 성읍에서는 이 산헤드린이 23명의 장로들(프로스뷔테로이)로 구성되어 있었고 작은 성읍에서는 7명으로 구성되어 있었지요. 이들 가운데 회당장이 선출되는데 회당 관련 제반 업무(재정, 제의, 행정, 정치)를 책임집니다. 또 세 명으로 구성된 회장단이 회당 공동체의 외적 사무를 관할하지요. 팔레스타인에서는 이 산헤드린이 종교 단체만이 아니라 시민의 대표기관이었고, 태형과 파문(추방)형과 극단의 경우에는 사형까지도 판결할 수 있었어요. 예루살렘의 산헤드린은 성전도 관장했으며 유대인의 최고 의결기관이라는 역할을 담당했었지요.(행9:2 참조) 회당의 중앙에는 강대상이 있었는데 그 위에는 성경 두루마리들이 들어있는 성경함이 놓여 있고 회당에서 가장 중요시 되었지요. 고대의 이 회당들은 일반적으로 성읍 가장 높은 곳에 예루살렘 방향으로 지어졌고 결례예식을 위해 가능한 바다나 강에 가까이 건립되었습니다. 회당에 대해서는 다음의 책을 참조하세요. Jacob J. Petuchobski, "Zur Geschichte der judischen Liturgie," SEZXD, in: H. Henrix(Hg.), *Judische Liturgie*, (Wien, 1979, pp. 13-32)

134) 회당의 예배와 관련하여 다음의 자료를 참조하세요. 정인교, 『설교학총론』(서울: 대한기독교서회, 2003), p. 387-389; 데이빗 C. 그로스, 『유대인을 알고 싶다』 장병길 옮김. 도서출판 살렘, 1997, p. 35-37. Gareth L. Reese, *New Testament History: A Critical and Exegetical Commentary on the Book of Acts* (Joplin, Missouri: College Press, 1983), p. 345, pp. 494-496.

용어는 신명기 6:4-9의 시작인 '쉐마 이스라엘' 곧 '이스라엘아, 들어라'라는 구절의 첫 단어에서 나왔는데 유일하신 하나님에 대한 신앙고백(6:4), 전심으로 하나님 사랑하기(6:5), 신앙교육의 구체화(6:6-9) 등 세 부분으로 이루어져 있지요.

2. 기도서 낭독

▶가버나움 회당의 현재모습

쉐마의 낭송에 이어 '쉬모네 에스레'(Shmoneh Esreh)라는 기도서 낭독이 이어집니다. 쉬모네 에스레라는 명칭은 '18'이라는 뜻으로 이 기도문의 팔레스타인 판본이 본래 18개의 기도문을 담고 있는데서 유래했지요. 이 기도는 흔히 '트필라'(Tefilla) 혹은 선 채로 기도하는 것을 지칭해서 '아미다'(Amida)라고 불리기도 합니다. 이 기도는 하나님을 찬양하는 찬양의 기도 3개, 청원 기도 12개, 찬양과 감사기도 3개 등 모두 18개로 구성되어 있지요.[135]

유대인은 이 기도를 보통 아침, 오후, 저녁 등 하루에 세 번 드렸어요. 하지만 예배에서 사용될 경우에는 시간 절약을 위해 전체 기도문 대신 처음 세 가지 찬양의 기도와 마지막 세 가지의 찬양

---

135) 청원 기도의 12번째는 이단을 공격함(Against Heretics)인데요, 교회와 유대 회당이 완전히 분리되는 주후 80년대에 그리스도인들을 저주하는 내용을 포함시켰어요. "변절자들에게는 희망이 없게 하시고, 거만한 정부(=로마)를 하루속히 우리 시대에 멸절시키옵소서. 또한 나사렛 사람들(=유대그리스도인들)과 이단자들이 속히 멸망하게 하시고, 이들을 생명책에서 지우시고, 의인들과 함께 기록되지 않게 하옵소서. 찬양 받으소서, 오만한 자들을 거꾸러뜨리시는 야훼시여!" 이로써 그리스도인들은 더 이상 회당 예배에 참석할 수 없게 되었고, 전통적인 유대인과 복음을 영접한 유대 그리스도인이 완전히 분리되었다는 사실을 알 수 있지요. 이와 같은 사실은 예수 그리스도를 믿음으로 인해 유대 공동체로부터 버림을 받고 출교당했다는 복음서의 진술을 통해서 확인될 수 있습니다.

과 감사의 기도만을 드렸습니다. 특히 안식일과 축일의 경우에는 12개의 청원기도 대신 그 예배에 맞는 기도내용으로 대치하기도 했어요. 회당에 모인 사람들은 얼굴을 예루살렘을 향하고 선 채로 기도드리는데, 기도는 기도 인도자만 대표로 하고 회중은 매 기도 마지막에 아멘으로 화답합니다.

3. 개인 기도

공동의 기도인 트필라가 끝나면 곧이어 드바림(debarim) 혹은 타카누님(Tacha-nunim)이라 일컬어지는 개인의 소원(supplication) 을 비는 개인기도가 이어집니다. 이 기도는 기도자가 무릎 사이에 머리를 묻을 만큼 몸을 구부린 자세로 기도하는데요, 엘리야의 기도 자세(왕상 18: 42)에서 유래되었다고 합니다.[136]

4. 율법과 선지서의 낭독

개인 기도에 이어 율법과 선지서의 낭독이 이어집니다. 이 부분은 회당 예배의 교육적인 부분에 해당하는 것으로 먼저 토라(모세5경)를 낭송합니다. 모세5경은 154개의 발췌문으로 나누어져 있는데 팔레스타인 유대교 전통은 3-4년마다, 바벨론 전통은 매년마다 토라 전체를 읽습니다. 이 토라 부분을 읽은 후에는 이어서 예언서를 읽습니다. 이 예언서 모음집을 가리켜 하프타롯(Haftarot)이라 부릅니다. 동시에 이 두 번째 성경 읽기로 예배가 폐회되기 때문에 예언서 읽기를 가리켜 '하프타레'(hrfph Haftare = 해산)라고 지칭하기도 합니다.

성경을 읽은 후 그 내용을 해석하고 그 의미를 실생활에 적용하는 '데라샤'(Derashah)라는 순서가 뒤따랐어요. 이 순서는 성경 속에서 교훈을 찾는 탐구 행위로 이 일을 담당하는 사람을 가리켜 데라샨(Derashan)이라 불렀는데 회당장이 지명하거나 자원자에 의해 행해졌습니다. 그리고 유능한 선생이 있으면 그를 초빙해 설

---

136) 엘리야가 갈멜산 꼭대기로 올라가서 땅에 꿇어 엎드려 그의 얼굴을 무릎 사이에 넣고(왕상 18: 42)

교를 듣기도 했지요(행13:15참조). 이때 설교자는 다른 사람들보다 더 높은 자리에 앉아서 설교를 했어요.(눅4:20) 회당예배에 참석하

는 모든 남자 회원에게는 원론적으로 성경 읽기와 데라샤의 권리가 주어집니다. 예수께서 회당에 들어가 이사야 61장 1-2절을 읽고 해설하신 것은(눅 4: 16-30) 이런 전통을 따른 것이지요. 또 여행객들은 신선한 영성을 가지고 있다 하여 유대인 여행객들에게도 데라샤의 순서를 맡기기도 했습니다. 사도 바울이 전도 여행을 하면서 회당에 들어가 말씀을 전할 수 있었던 것이 바로 이런 전통에 기인한 것입니다.

바로 이 데라샤가 오늘날 기독교 설교의 원형에 해당하는 것이라 할 수 있어요. 1세기경 초대교회의 예배 순서의 1부 말씀의 예전이 성서봉독-시편찬송-설교-신앙고백-헌금으로 구성되었는데 이는 회당예배의 순서와 매우 흡사하지요. 이것으로 미루어보아 초대교회가 회당예배로부터 지대한 영향을 받았음을 짐작할 수 있습니다. 사실 예수님과 제자들 모두 유대인이고, 유대교인인 점, 할렐루야 아멘 등이 유대교 용어라는 사실, 성만찬이 유대교의 파스카 제도에서 유래한 점 그리고 구약의 하나님 신앙 등을 통해 기독교가 유대교와 불가분리의 관계를 맺고 있음을 알 수 있지요.

때로 데라샤 이후에 회당장이나 장로에 의한 축도가 이어지기도 합니다. 성경에는 아론의 축도(민6: 24-26)와[137] 바울의 축도(고후 13장 13절)가[138] 있습니다. 우리는 주로 바울의 축도를 합니다마는 회당에서는 아론의 축도를 합니다. 최근에는 기독교 안에서도

---

137) "여호와는 네게 복을 주시고 너를 지키시기를 원하며 여호와는 그의 얼굴을 네게 비추사 은혜 베푸시기를 원하며 여호와는 그 얼굴을 네게로 향하여 드사 평강 주시기를 원하노라 할지니라." (민 6:24-26)

138) "주 예수 그리스도의 은혜와 하나님의 사랑과 성령의 교통하심이 너희 무리와 함께 있을지어다."(고후 13: 13).

이 두 개의 축도를 자유롭게 사용하는 추세입니다.

  오늘날의 회당예배는 토라를 읽는 시간에 이어 기도가 이어지고 그 후 곧바로 폐회하곤 합니다. 예배에 모인 신도들은 특별한 친교를 나눌 겨를도 없이 **뿔뿔**이 흩어져 귀가하는 것은 이유가 있어요. 까다로운 안식일 규정 때문에 함께 친교를 나누는 일 자체가 어렵기도 하지만, 가족과 함께 안식의 기쁨을 누려야 하기 때문입니다.
  위에서 살펴본 것처럼 기독교의 설교는 어느 날 갑자기 하늘에서 뚝 떨어진 것도, 진공상태에서 만들어진 것도 아닙니다. 유대교 회당의 말씀제사 전통을 초대교회가 이어받은 것이지요.

2. 초대교회의 설교에 대해 알고 싶어요.

> 언젠가 할머니가 당신의 어릴 적 신앙 생활하시던 이야기를 해주신 적이 있어요. 선교사들이 세운 매우 오래된 마루로 된 교회에서 남녀가 따로따로 앉아 예배를 드렸다고 합니다. 오늘날 좌석 배치와 의자가 마루를 대치한 것을 제외하면 그때나 지금이나 설교하는 모습은 크게 달리진 게 없다고 하시네요.
> 하지만 제가 듣기로는 처음 교회 설교는 지금과 달리 회중석에서 질문도 할 수 있었다고 하는데 정말 그랬나요? 오늘날의 설교와 처음 교회의 설교는 많이 달랐나요?

모든 분야가 그러하지만 역사를 거슬러 올라갈수록 정확한 판단을 하기가 쉽지 않습니다. 가장 어려운 것은 정확한 자료가 없다는 것이지요. 설교 역시 예외가 아닙니다. 그래서 처음 교회의 설교를 진단하는 것은 많은 제약이 있습니다. 그나마 다행인 것은 교회에서 처음 설교를 일컫는 용어가 발견되었다는 것이지요. '호밀리아'(Homilia)가 그것인데요. 이 단어가 설교의 의미로 사용된 최초 흔적은 2세기경 이그나시우스(Ignatius)가 폴리갑(Polycarp)에게 보낸 서신에서 발견됩니다.

본격적으로 '회중예배에서 선포되는 말씀을 지칭하는 전문어'로 쓰여지기 시작한 것은 크리소스톰(Chrysostom, 347-407) 때에 와서입니다. 호밀리아는 '서로 서로 이야기함'(sich mit einanderunnterhalten), '하나님과 그의 백성이 만남 그리고 대화'라는 의미를 가지고 있습니다.[139] 성경에는 고전 15:33을 비롯하여 파생된 의미가 눅 24: 14, 행 24: 26, 20:11에 나타납니다.

설교학에서는 초대교회의 설교를 호밀리아 시대라 지칭하며 성

---

139) A.Kuyper, *Encyclopaedie der Heilige Godgeleerdheid. Deel III.* (Amsterdam: J. A. Wormser, 1894), p. 488.

▶ 크리소스톰

어거스틴이 사망한 주후 430년까지를 그 시기로 잡습니다. 이 시기의 설교는 다음과 같은 특징들을 보여줍니다.

첫째, 호밀리아 시기의 설교는 주로 사도들의 전승, 성경 그리고 설교자의 개인적 신앙이라는 세 가지 자료에 의존하고 있었습니다.140) 이 말은 성경의 정경화작업이 이루어지기 전까지는 사도의 전승이 권위 있는 위치를 차지하고 있음을 뜻하는 것이지요. 이 사실로부터 우리는 '본문 없는 설교(textfreie Predigt)'가 일정 기간 자리잡았음을 유추할 수 있습니다. 즉 사도들이 자신들이 직접 알고 듣고 본 기독교 신앙의 위대한 요소들을 다른 사람들에게 증언 형식으로 직접 전달했던 것이 최초 설교의 형태였을 것입니다.(눅 1: 1-4; 고전 11: 2; 딤후 2: 2)

이런 경향이 퇴조하게 된 것은 교회 안에 구약을 기독론적으로 수용하고 해석하려는 움직임과 사도들에 의한 서신들이 유포되면서부터입니다. 즉 주후 91년 얌니아 종교회의에서 구약이 정경으로 채택되고 사도들의 편지들이 설교의 자료로 사용되면서 본문 있는 설교가 등장하게 되었던 것이지요. 이런 경향성은 주후 397년 카르타고 공의회에서 신약이 정경으로 확정되면서 기독교 설교의 고정적 형식으로 자리잡게 되었습니다. 초대교회의 설교와 관련해 순교자 저스틴은 우리에게 주요한 정보를 제공해 줍니다.

"일요일이라 불리는 날에 도시나 시골에 사는 모든 사람들의 집회가 거행되고, 이 경우 사도의 회상록이 낭독되거나 예언서들이 낭독되어 시간이 오래 걸린다. 낭독자가 읽는 것을 마

---

140). Edwin C. Dargan, *A History of Preaching Vol. I*, 김 남준 역 (서울: 도서출판 솔로몬, 1992) 1권 p. 63.

치면 사회자가 우리들에게 이들 뛰어난 예들을 본받으라고 권면하고 격려하는 강연을 한다."141)

이때의 설교를 그 내용상 어떻게 규정할 수 있을까요? 이 문제를 깊이 있게 연구한 학자로는 볼츠(Carl A. Volz)를 들 수 있어요. 그는 이 당시의 설교 성격을 예언적, 예배 의식적 그리고 주석적이라는 말로 규정합니다.

"초기 기독교 예언자들은 자신들이 히브리 전통의 예언자들의 연속성 속에 있는 것으로 보았고 예언자의 직분이 감독과 목사의 직분과 병합되었을 때 예언적 권면의 전통은 설교에서 계속되었다. 예언적 설교가 유대교로부터의 유산이었던 것에 덧붙여 기독교 설교는 또한 예배 의식적이었다. 유대교의 설교는 회당에서 예배의 한 부분으로 행해졌다. 설교는 그 제의에, 혹은 하나님께 드리는 찬양제사 패턴에 필수적인 요소였다. ... 설교는 또한 주석적이었다. 모든 기독교 설교의 출발점은 설교 전 읽은 본문에 대한 주석이었다."142)

이 당시의 성경에는 장과 절의 구분이 없었습니다. 영어 성경의 장과 절의 구분이 최초로 등장한 것은 1560년 출간된 제네바 성서입니다. 따라서 이때에는 성경을 차례대로 읽고 그 의미를 풀어서 설명해 주는 방식으로 설교할 수밖에 없었지요. 말하자면 거의 '주석설교'라 할만큼 적확하고 세밀하게 성경 본문을 다루었습니다.

둘째, 호밀리아 시대의 설교는 철저히 대화였습니다. 앞에서 다룬 것처럼 호밀리아의 뜻이 대화 즉 '서로 서로 이야기한다'입니다. 이 의미대로 초대교회 설교는 설교자와 회중 간의 직접

---

141) Justin Martyr, First Apology, 67. Carl A. Volz의 *Pastoral Life and Practice of the Early Church*,『초대교회와 목회』박일영 역(서울: 컨콜디아사, 1997) p. 146에서 재인용.

142) Ibid, pp. 145-146.

적 대화였어요. 설교의 내용 가운데 이해가 되지 않는 부분은 지체 없이 질문할 수 있었고 그에 대한 대답이 설교자로부터 주어졌습니다. 따라서 이때의 설교는 전적으로 '소통되고 이해되는' 설교였어요. 오늘날 이야기되는 논리적 설교 혹은 의식적 설교와는 거리가 있을 수밖에 없었지만 설교가 지향하려는 상호 이해를 바탕으로 한 '전달'의 목적만큼은 오늘날 설교자의 일방적인 설교와는 비교할 수 없을 정도였지요.

셋째, 호밀리아 시대의 상당 부분은 설교자의 신분을 특정하지 않았습니다. 오히려 이 당시에는 방문자들로부터 보다 신선한 영적 메시지를 들을 수 있을 것이라는 기대로 인해 낯선 방문자들에게 설교를 맡기곤 했어요. 사도 바울이 처음 방문한 지역의 회당에 들어가서 설교할 수 있었던 것은 이런 정황을 배경으로 한 것이지요. 성직자와 평신도라는 엄격한 분리가 정착되지 않고 설교자의 기준을 '은사'에 두었습니다. 이런 시도는 말씀의 직무를 인위적 제도적인 틀로 규정하고 특정인에게만 부여하는 오늘의 일반적 경향과 비교해 볼 때 분명 의미 있는 것이라 할 수 있지요. 왜냐하면 종교나 신앙이란 제도나 학문적 신학 이전에 신 앞에 선 단독자로서의 인간의 관계가 우선적일 수밖에 없으며, 제도화 이전의 종교적 체험이 신앙 본래의 모습에 더 가깝다 할 수 있기 때문입니다.

하지만 이런 이상적인 기대에는 언제나 돌발될 수 있는 탈선의 위험이 동시에 숨어있기 마련입니다. 이것은 이 시기의 교회 강단에도 그대로 적용되는 문제로 가장 이상적인 것처럼 보이는 설교자의 자격에 제한을 두지 않는 이 자유로움이 교회를 위기로 몰고 가는 부작용의 산실이 되고 만 것이지요. 이것은 특히 그리스도의 신성 혹은 인성을 부인하는 단성론자의 출현으로 구체화되었고, 이들의 출현으로 인해 교회는 가장 이상적인 최선을 접어둔 채 특정한 성직자 그룹에 의존할 수밖에 없다는 차선으로 갈 수밖에 없었습니다. 따라서 대략적으로 사도시대 직후부터는 설교의 직무가 사제와 교회 감독에게로만 국한되어 이들 외에 다른 사람들은 감독의 허락이 없이는 교회에서 설교의 직무를 수행할 수 없게 되었지

요.143)

오리게네스의 경우가 이에 해당된다고 보여지는데요. 그는 처음 알렉산드리아에서 성경을 강해하도록 허가를 받고 격려도 받았지만, 그로부터 몇 해 뒤 가이샤라에서 사제로 임명받으려 할 때에 감독인 알렉산드리아의 데메트리우스가 강력히 반대했던 것을 알 수 있습니다. 하지만 정규예배나 공적 가르침이 아닌 소규모의 모임에서는 이런 구분이 철저하게 적용된 것 같지는 않습니다. 가령 순교자 저스틴은 어떤 경우에도 사제로 임명받은 바 없지만 그는 대단히 많은 설교를 했으며 또 설교가로 명성을 떨쳤으니까요.

넷째, 이 시기의 또 다른 특징으로는 수사학과 설교의 밀접한 연관성입니다. 당시는 고전적 수사학이 창궐했던 시기로 수사학은 지식인들의 필수적인 교양품목이었어요. 이 수사학과 관련하여 키케로, 퀸틸리안, 플라톤, 아리스토텔레스 등의 이름이 거명되곤 하는데, 수사학이 궁극적으로 지향하는 것은 자기가 가진 의견으로 상대를 설득하는 것이었습니다.

이런 설득을 위한 연설의 기술은 기독교에서도 필요한 것이었습니다. 신약의 저자들은 자신의 명제를 설득하기 위해 당시의 수사학적 기법을 사용하곤 했습니다.(갈 6: 2이하, 히 2: 1-4 등)144) 설교 역시 그 목표에 도달하기 위해 수사학을 필요로 했습니다. 탁월한 설교로 '황금의 입'이란 별명을 얻은 교부 요한 크리소스톰(John Chrysostom)이나 사도 바울 못지않게 기독교 교리의 기초를 놓는데 중요한 역할을 했던 성 어거스틴 등 초대교회 설교자의 대부분은 체계적으로 수사훈련을 받은 이들이었지요. 중요한 것은 수사학의 도움을 받았지만 기독교의 설교는 수사학 그 자체가 목적이 아니라 복음전파라는 최고의 목적을 위한 수단으로 수사학을

---

143). Karl Friedrich Wilhelm Paniel, Pragmatische *Geschichte der Christlichen Beredsamkeit und der Homiletik*, Zeitschrift 2 Feb. 2012, S. 73ff.

144) 성서의 수사학 사용에 관하여는 다음의 글을 참조하세요. 윤소정, "바울서신에서 나타나는 수사학의 역사적 배경 고찰"「신약논단」14집, 한국신약학회(2007).

사용했다는 것이지요.
 이런 수사학적 요소가 설교에 영향을 끼친 실례를 우리는 그 당시의 장례설교에서 확인할 수 있어요. 가령 당시 헬라인들은 장례식에서 죽은 자의 삶을 회상하는 비문, 찬사, 애도사 그리고 위로사라는 네 가지 패턴에 따라 조문했는데 나지안주의 그레고리 역시 그의 형제의 장례식 설교에서 이 패턴에 따라 그대로 설교하고 있어요. 다만 기독교 장례설교가 이방인들의 그것과 다른 점은 그리스도가 죽은 자로부터 부활했다는 사실로 구체적인 위로를 삼고 있다는 점이지요.145)
 다섯째, 이 시기의 설교와 관련된 또 하나의 특징으로는 오리게네스(ca. 185/186-254)에 의해 도입된 알레고리적 해석 방법(allegorical interpretation)을 들 수 있습니다. 알레고리 성경 해석 또는 풍유적, 우화적 성경 해석은 2세기부터 등장한 성경 해석 방법으로, 성서가 다양한 수준의 의미를 가지고 있으며 문자적 의미와는 반대적으로 쓰이는 영적 의미(우의, 도덕적, 또는 윤리적), 그리고 신비적 의미가 있다고 해석하는 것이지요. 원래 이 해석 방식은 주전 5세기경 헬라의 학술원에서 비롯된 일종의 '석의적인 비밀해명의 수법'에서 유래했지요. 헬라인들은 인간을 영적, 정신적, 육체적인 세 단계로 나누고 영적 차원을 사는 시인이나 철학자들의 작품 안에 신비롭게 내재되어 있는 '로고스'는 오직 알레고리적 방식을 통해 해석되어 질 수 있다고 생각했습니다. 알레고리적 해석 방식은 헬라적 유대교와 영지주의에 의해 수용되었는데 특히 바실리데스(Basilides)나 발렌틴(Valentin) 등의 비교적(秘敎的) 영지주의자들은 이 해석 방식이 자신들의 영지주의적인 계시 지식을 열어줄 수 있음을 확신하면서 자신들의 주장을 펼쳐나갔는데 이 해석 방식을 적극적으로 활용했습니다.
 특별히 예수님의 인성을 부인했던 바실리데스는 이 방법으로 예수님의 수난을 다음과 같이 해석했어요. "그러므로 예수가 역시 수

---

145) Martin R. McGuire, "Introduction", Funeral Orations of St. Gregory. 볼츠 상게서 146ff. 이하에서 재인용.

난을 받은 것이 아니라, 어떤 구레네 시몬이 그를 대신하여 십자가를 지도록 강요를 받은 것이었다.(막 15: 21) 그들은 알지 못한 채 잘못하여 그를 십자가에 못 박고 그 후 (예수가) 그를 변화시켜 사람이 그를 예수로 여기도록 했다는 것이다. 그런데 예수는 시몬의 모습을 띠고 그 자리에 와 있었고 저들을 비웃었다."

이런 이단의 주장으로 복음이 위협받게 되자 오리게네스는 기독교를 보호하기 위해 알레고리적 해석 방법을 도입

►오리게네스

하게 되지요. 하지만 그의 순수한 동기에도 불구하고 이 방식은 탈역사화(脫歷史化), 영화(靈化)의 위험과 자의적(恣意的) 해석이라는 위험성을 언제나 지니게 마련입니다. 오리게네스의 성서관을 보면 이런 위험을 분명하게 감지됩니다.

"(성서)문서들은 성령을 통해 쓰여졌으니 (그러므로) 공공연한 (즉 문자 그대로의) 의미를 가지고 있을 뿐 아니라, 어떤 다른 (즉 우화적) 의미도 가지고 있는데, 이는 대부분 숨겨져 있는 것이다. (공공연하게) 기록되어 있는 것은 말하자면 거룩한 비밀들과 신적인 것들의 모상(模像)에 관한 암시일 뿐이다. 전체 율법이 영적으로 이해되어야 한다는 점에 대해서는 전체 교회 안에 하나의 견해가 있을 뿐인데, 이에 반해서 율법이 본래 의미했던 것은 (...) 홀로 있는 것이 아니라 학문과 지혜의 말씀 안에서 성령의 은혜가 수여된 그런 개인들에게만 알려져 있는 것이다."[146)]

이런 입장으로 성경을 보면 완전히 다른 해석이 나오지요. 가령

---

146). K. Beyschlag, Vom Urchristentum zur Weltkirche, I, 44. Peter Stuhlmacher, Vom Verstehen des Neuen Testaments. Eine Hermeneutik,『신약성서 해석학』, 전경연 역(서울: 대한 기독교 출판사, 1986) P. 81.에서 재인용.

요 2장 13절의 "유대인의 유월절이 가까웠다."는 구절은 구약 유대인들의 유월절 의식과 축제에 관한 이야기입니다마는 알레고리적으로 풀면 장차 천사들과 공동으로 거행될 축복받은 자들의 공동식사를 의미합니다. 한 마디로 설교자가 자의적으로 코에 걸면 코걸이 귀에 걸면 귀걸이가 되는 셈이지요.

이런 위험성을 염두에 두고 안디옥 학파에서는 본문의 문자적 의미를 역사적으로 해명하려는 문자적 해석 방법을 주창하였는데, 이 두 해석 방법론은 오늘까지도 기독교의 주요 해석방법론으로 자리잡고 있지요. 아무튼 기독교 최초의 성서해석 방법인 알레고리가 선한 동기로 유입된 것임에도 매우 심각한 해석의 오류를 지녔다는 것은 아이러니가 아닐 수 없습니다.

마지막으로 이 시대의 설교를 특징짓는 요소로는 성 어거스틴에 의해 제안된 설교이론을 들 수 있지요. 어거스틴은 그의 저서『기독교 교리에 대하여(De christiana doctrina)』"제4권에서 요나서를 수사학적으로 분석하면서 기독교 설교사상 최초의 설교 이론으로 일컬어지는 공리를 밝히고 있어요. 그에 의하면 설교란 가르치고 (docere), 기쁘게 하고(deletare), 영향을 주는(flectere) 세 가지 요소를 갖추어야 합니다.

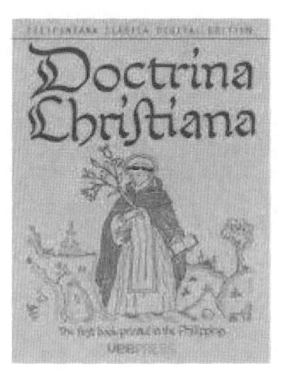

즉 설교는 들을거리가 있는 정보를 담고 있어야 하는 지적(知的)인 면과, 설교를 듣는 회중이 설교를 들을 때에 기쁨, 슬픔, 분노, 비애 등을 느낄 수 있도록 감정적인 터치가 이루어지는 정적(情的)인 면, 마지막으로 회중들과 그들의 삶이 변화하도록 해야 하는 의지적(意志的) 요소를 갖추어야 한다는 것이지요. 소위 지정의에 입각한 설교! 우리에게는 너무 익숙한 표현입니다마는 이런 어거스틴의 설교공리는 시간과 공간을 초월하여 설교가 존재하는 한 영원히 유효한 설교의 기본원리입니다.

위에서 살펴본 것처럼 호밀리아로 지칭될 수 있는 시대는 외형적으로 교회의 박해시기와 국가교회로서의 형성기입니다. 모든 것이 어설프고 아직 제도화나 행정화가 이루어지지 않았거나 혹은 그 초기 단계에 불과한 시기였지요. 따라서 오늘의 외형적 평가 기준으로 볼 때 당시의 교회는 지극히 저성장의 교회로 비쳐질 수 있어요. 하지만 이 시대야말로 교회의 모범시대라 불릴 수 있는 시대입니다. 교회가 건물 이전에 '성도를 지향하는 죄인들의 모임' 임을 생각한다면 더욱 그러합니다.

설교라는 측면에서도 동일한 평가가 가능합니다. 우선 종교와 신앙이라는 것이 제도나 신학, 이론에 앞서 신과 단독자의 관계와 직·간접적인 체험이 우선되는 것임을 염두에 둘 때 상당기간 설교자의 자격을 제한하지 않았던 이 시대는 수많은 오류의 위험성에도 불구하고 여전히 종교의 가장 1차적인 욕구를 반영하고 수용한 시기라 할 수 있어요. 또 예배의 구성이 말씀과 성례전을 중심으로 이루어짐으로써 간결성과 함께 인위적 요소가 배제되는 모습을 보이고 있는데 이것은 오늘의 예배갱신이 지향 하는 목표라 할 수 있습니다.

소박하지만 사귐이 살아있는 예배, 무격식 속에 흐르는 진정성 그리고 예언자라는 기능에서 볼 수 있듯 죽은 말씀이 아닌 살아있는 말씀으로 본문을 대하는 진지성만으로도 이 시대를 설교의 전성기로 꼽는데 부족함이 없을 것입니다.

3. 중세 가톨릭교회의 설교가 궁금해요!

> 제가 고등학교 시절 세계사 시간에 중세 기독교 시기를 암흑의 시대라고 배웠어요. 그런데 중세의 미사에 관한 그림이나 기록들을 보면 굉장히 화려하고 엄숙한 예식 구조를 갖고 있더군요. 하지만 설교에 관한 기록은 접해 보지 못했어요. 언뜻 듣기로는 설교가 푸대접을 받기도 했다고 하던데요. 중세 교회의 설교에 대해 알고 싶어요.

교회 박해의 시기가 끝나고 기독교가 제국의 국교로 인정받으며 지상으로 올라온 것은 교회의 발전을 위해 대단히 고무적인 일이 아닐 수 없습니다. 주후 313년 콘스탄틴 황제의 밀라노 칙령(the Edict of Milan)으로 기독교가 공인되고 392년 테오도시우스 황제에 의해 기독교가 국교화 되면서 기독교는 황금기를 맞게 되었지요. 마치 지금까지의 박해를 한꺼번에 보상받으려는 듯 기독교회는 국가와 황제의 지원이라는 막대한 힘을 등에 업고 눈부신 발전을 이루어 나갔습니다. 예수를 믿으면 죽던 시대에서 예수를 믿지 않으면 죽임을 당하는 강제 선교의 시대가 도래하고 보니, 이전의 소박했던 예배장소로서는 도저히 그 엄청난 인원을 수용할 수 없었고 자연히 크고 웅장한 교회 건물들이 등장하게 되었습니다. 게다가 황제와 고관들이 예배에 참석하다 보니 예배는 가시적인 면을 고려하지 않을 수 없게 되어 교회내의 장식과 성직자들의 복장 및 교육에도 관심을 기울이게 되었지요. 오늘날의 외적 성장이라는 시각으로 보면 이것은 대단한 교회의 성장인 셈입니다.

하지만 기독교의 국교화라는 '배려'는 신앙의 자발성과 충돌하기 마련입니다. 또한 콘스탄틴 황제는 성직자들에게 세금과 군복무를 면제해 주고 귀족에 버금가는 대우를 해주었는데 이것은 종교와 상관없는 소위 세상 사람들 모두가 원하는 세속의 가치입니다. 이것을 성직자에게 부여하게 되면 성과 속이 혼합되는 결과를 낳을 수밖에 없지요. 성직이 모두가 선호하는 '직업'이 된다는 것은 이미 타락의 전조를 나타내는 것입니다. 중세의 기독교가 암흑으로 규정되는 것에는 이런 아이러니가 담겨있습니다.

설교 역시 예외가 될 수 없지요. 흔히 설교학에서는 중세의 설교를 세르모(Sermo. 430- 1517)로 규정합니다. Sermo는 주제설교라는 뜻이 강합니다. 다양한 사람들이 대거 모인 예배이고 보니 초대 교회처럼 성경 본문을 깊이 파고드는 설교를 하기는 불가능했지요. 그래서 성경에서 주제를 추출한 후 그 주제 중심의 설교를 전개하다보니 붙여진 이름이지요.

당시의 대중설교에 대해 설교학자인 다아간은 다음과 같이 정리합니다.

"우리는 중세의 설교의 성격과 내용에 대해 다음과 같이 배워 왔다. 성경을 전통적인 방식대로 풍유적으로 해석하고 오용하는가 하면, 성인들의 전설을 과다하게 사용하고 다른 비성경적인 재료들을 권위가 있는 것으로 사용하였고, 고행, 연옥, 고해의 교리들, 동정녀 마리아에 대한 예배에 달하는 경모(敬慕), 이 모든 것들과 다른 복음에 대한 과다 성장 등 … 그러나 우리는 이것들과 함께 그리스도의 사역이 구주로서 그리고 유일한 구주로서 생생하게 전달되었으며, 회개와 신앙의 의무가 진정한 기독교인의 경험의 열매와 증거로 기독교적인 덕목을 실천하라는 가르침과 함께 강력히 촉구되었다는 것을 잊어서는 안된다.

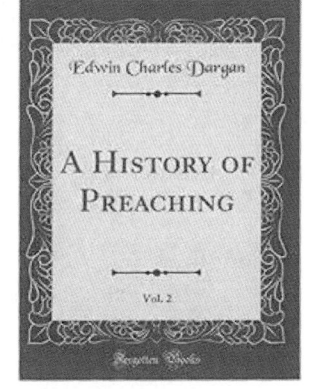

게다가 이 시대의 성직자들과 귀족들과 민중들의 무서운 죄가 용감하고 예리한 비난을 받았다. … 형식에 있어서는 분석과 세밀한 세분이라는 스콜라 철학적 열정에 주로 영향을 받았다. 언어에 관한한 전부 다는 아니라 할지라도 대부분 각 지역의 방언으로 설교되었다. 예화와 논증을 위해 모든 종류의 자료들을 효과적으로 사용했다. 전설과 이야기, 옛날의 우화와 새로운 우화들, 진짜 혹은 상상 속의 동물들의 습성들, 자연의 힘들,

당대의 관습들 그리고 많은 다른 자료들이 당대의 이런 선지자들에게 열려있는 책들이었다."147)

전반적으로 중세의 설교는 초대 교회와 비교할 때 설교의 그 의미와 기능을 상실하고 교회의 자기표현인 예배의 부수적인 요소로 전락한 것이 사실입니다. 그래서 중세를 설교의 암흑기라고 부르는데 이렇게 설교의 위상이 추락한데에는 다음과 같은 이유들이 있습니다.

첫째는 이중의 예배형식을 들 수 있습니다. 동방교회와 서방교회는 공히 9세기까지 이중의 예배형식을 갖고 있었지요. 소위 세례 청원자들을 위한 예배와 세례자들을 위한 예배가 그것인데요, 세례 청원자들을 위한 예배의 핵심은 설교였고 그 대상은 아직 세례를 받지 않은 자들이었습니다. 이어서 열리는 세례자들을 위한 예배는 성만찬이 그 중심이었는데, 세례를 받은 자들만이 예배에 참석해 성찬을 받을 자격이 주어졌지요. 이 예배에는 설교가 없었습니다. 세례를 받은 이들은 설교 중심의 예비미사(Vor-Messe)에 참여하는 것이 허락되었지만 세례를 받지 못한 이들은 성만찬이 중심이 된 본미사(Haupt-Messe)에 참석하는 것이 엄격하게 금지되었습니다. 이런 사실을 통해 중세 교회에서는 설교가 상대적으로 열등한 위치에 있었음을 알 수 있지요. 예배가 일원화된 시기에 이르러서도 이런 경향은 별로 나아지지 않았습니다. 이것은 무엇보다도 성찬을 예배의 본질적인 것으로 간주하는 경향에 기인한다고 할 수 있지요. 심지어 11세기에 이르러서는 예배에서 설교가 빠져버리고 말았습니다.148)

설교 침체의 두 번째 이유로는 설교를 대치할 수 있는 다양한 목회 장치를 들 수 있습니다. 초대 교회에서 설교와 성만찬이 교회의 2대 성례전의 구실을 했어요. 특히 설교를 통해 성도들을 권

---

147). Edwin Charles Dargan, *A History of Preaching Vol.1*. 김남준 역 『설교의 역사』, pp. 329-330.
148) 참조, Ibid., 208ff.

면할 수 있었지만 중세에 이르러 설교의 기능은 고해성사나 성현 숭배 등 보다 개인적이고 직접적인 교화 수단에 의해 소멸되어 갔지요.

중세 교회에는 모두 일곱 가지 성례가 있었습니다.149) 일곱 가지 성례를 제정한 이유는 가톨릭 교회의 모든 교리가 성례와 밀접한 관계가 있고, 또 성도들의 신앙을 지도하기 위해서입니다. 특히 개인적인 신앙 지도가 가능한

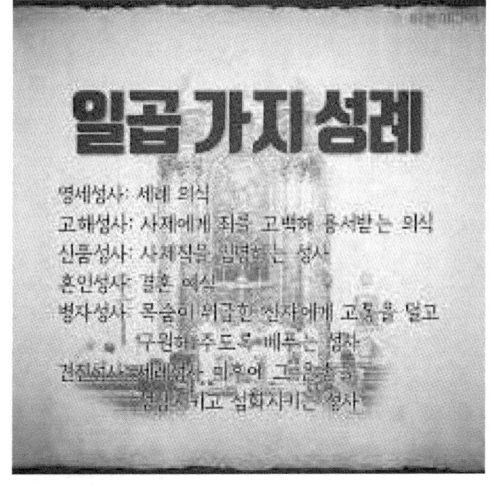

고해성사 등으로 인해 설교는 목회적 필요성이 줄어들게 되었지요. 그러다보니 중세의 설교는 목회적 고민과 '목회적 상황'에 기초한 설교를 지향하기보다는 하나의 의식적(儀式的)이고 관례적(慣例的) 인 성격을 띠게 되었지요.

셋째, 중세 가톨릭교회의 성현 숭배 역시 설교의 기능을 쇠퇴시키는 역할을 했습니다. 마리아나 신앙의 위인들을 숭배하고 공경하는 것이 교회 내에서 일반화되면서 신자들은 성현들을 구원의 중재자로 추종하고 그들의 중재에 의해 하나님의 은혜와 자비를 얻을 수 있다고 믿게 되었지요. 처음에는 천사와 성인들 그리고 성상과 성물들이 단지 공경의 대상이 되던 것이 7-8세기에 이르러서는 아예 예배의 대상이 되었습니다. 특히 마리아 숭배는 가장 대표적인 예로 예수의 탄생과 육화(肉化)와 관련된 사건들의 일부를

---

149) 그리스도께서 세우신 성례는 세례와 성찬 두 가지 뿐이지만, 로마 가톨릭교회에서는 성례가 변형되어 7개로 늘어났습니다. 칠성례에는 세례를 의미하는 영세, 성찬을 의미하는 성체성사, 세례를 재확인하는 의식인 견진성사(Confirmation), 개인적 죄사함의 의식인 고해성사(confession), 결혼예식인 혼배성사(matrimony), 사제서품 의식인 성품성사(ordination) 그리고 임종예식인 종유성사(extrme unction) 등이 있습니다.

마리아에게까지 적용하기에 이르러 기적적으로 탄생한 존재로 또 인간과 하나님 사이에서 중재하는 존재로 예배되면서 오늘날까지 가톨릭교회에 이어지고 있습니다.

넷째, 설교의 쇠락 원인으로 꼽을 수 있는 것은 당시의 복잡한 상황입니다. 동방교회의 경우 특징적인 요인으로 부각하는 것이 에베소 공의회(431년), 칼케돈 공의회(451년), 제2차 콘스탄티노플 공의회(553년), 7세기의 단성론 논쟁의 재연, 8세기의 성상파괴 논쟁 등과 같은 민감하고 다양한 교리 논쟁입니다. 이런 논쟁들은 오늘의 기독교 근간을 이루는 교리의 확립에 결정적인 공헌을 한 것들이지요. 이런 논쟁의 선봉에 섰던 것은 말씀 해석의 배타적 권위가 인정되었던 주교들이었습니다. 문제는 아리우스와 아타나시우스의 삼위일체 논쟁에서 볼 수 있는 것처럼 때로 교리논쟁의 결과가 엄청난 피의 살육을 부르는 극단적 성격을 띠고 있었다는 점이지요. 주교들이 이러한 교리논쟁에 집중하다보니 상대적으로 설교에 기울여야 되는 시간과 정력이 고갈되었고 그들의 관심에서 설교가 뒤로 밀려나는 것은 지극히 당연한 것이기도 했습니다.

한편 서방교회의 경우 동방교회와 같은 교리에 대한 논쟁적 요소는 상대적으로 크지 않았지만 외부적인 변화 요인이 설교의 침체를 부추기는 원인으로 작용하였지요. 로마교회가 위치한 이탈리아는 반도로서 숙명적으로 해양세력과 대륙세력이 부딪칠 수밖에 없었지요. 알라릭(Alaric)에 의한 로마침공(410년), 반달족의 로마침공(455년), 그리고 7-8세기의 사회질서의 혼란 및 독일, 프랑스, 잉글랜드 등의 신흥국가 발흥 등 격변과 변혁의 외부 상황은 설교가 발전할 수 있는 토양을 제공하지 못하였습니다.

이밖에도 중세 교회의 엄격한 교회 규율이 교회를 지탱해 가는 수단이 되면서 설교는 하나님의 역사하심이라는 본래의 기능을 상실한 채, 성도의 의무를 강조는 수단과 교회를 유지하기 위해 지침을 전달하는 수단으로 전락하고 말았습니다. 말하자면 설교에서 영적인 차원이 상실되고 인간적 훈계와 지도의 도구라는 면이 오히려 강하게 부각되었던 것이지요. 다아간의 지적처럼 성경은 완전히 무시되거나 비성경적 혹은 반성경적 가르침의 도구로 사용될 뿐이었지요.150) 이처럼 영적 차원을 상실한 설교는 회중의 영성을 자극할 수 없었고 말씀의 깊이를 전달할 수도 없었습니다.

흥미로운 것은 중세교회의 현장 설교가 제대로 기능하지 못했던 것과 달리 학문으로서의 설교는 매우 발전하는 양상을 보여주었다는 것이지요. 심지어 설교역사학자인 다아간은 중세중기 스콜라 철학시대(1095-1361)를 중세설교의 절정기로 간주할 정도입니다. 이런 평가는 설교 본문에 대한 논리적 분석적 접근과 수도원과 대학을 중심으로 한 설교의 연구가 왕성하게 진행되었다는 점에서 설득력이 있지요.

성 제레마로 대수도원의 30세의 수도사에게서 이 시기의 새로운 정신적인 특성을 볼 수 있습니다. 그는 1084년 직전에 창세기에 대하여 주석을 쓰기를 시작했고요, 후에는 프랑스 노장(Nogent) 의 대수도원장인 기베르(Guibert de Nogent.1053~1124)가 30세 되던 1084년부터 쓰기 시작한 창세기 주석서에 설교를 덧붙여『설교를 하는 방법에 대한 책』이라 이름 붙였지요. 그런데 이 책은 어거스틴의『기독교 교리에 대하여』이후 첫 번째 설교 교과서라 할 수 있습니다.

중세에 이르러 설교와 수사학과의 관계는 설교의 침체와 함께 그다지 큰 진전을 이룩하지 못하였지만 그럼에도 불구하고 그 어느 시대보다 수사학적 도움에 힘입어 설교기법(artes praedicandi)에 관련된 연구와 서적의 출판은 활발하였습니다. 예를 들어 도미니크 수도사인 샬랑(T. M. Charland)은 150여 편의 설교기법과 관련된 글을 썼는가 하면, 로버트(Robert of Basevorn)의『설교의 형식(Forma Praedicandi)』, 웨일즈의 설교수사, 토마스(Thomas of Waleys)가 쓴 『설교의 준비방법(De Modo Componendi Sermones)』등은 이 시대의 대표적인 수사학적 설교학의 산물이라 할 수 있지요.

---

150) Edwin Charles Dargan, *A History of Preaching Vol.1*. 김남준 역『설교의 역사』, p. 311.

▶ 노장의 기베로

중세에 설교 준비를 위한 기술로 장려된 것을 보면 테마의 발견 - 주제도입의 다양한 방식(introductio thematis) - 주제의 구분(divisio thematis: 대지를 2-4부로 나눔. 3중 구분은 청중을 지치지 않게 하는 것으로 장려됨) - 선포와 확신의 부분(declartio et confirmatio partium) - 분할의 완성부(해설용 예화, 성구 인용, 교부저작물)등으로 정리 할 수 있는데 이런 논리적 배열은 13세기 서구를 주도했던 스콜라 철학의 영향에 힘입은 바 크다고 할 수 있습니다.151)

중세 설교 방법(ars praedicandi)과 관련해 빼놓을 수 없는 자료가 로버트(Robert of Basevorn)의 'Ornamentation'(The Form of Preaching. 1322년)입니다152). 그는 설교의 형식을 다음과 같이 여섯 개의 부분으로 나누어 설명합니다.
1) theme : 성서의 인용
2) protheme 기도로 이어지는 주제의 도입부
3) 설교 목적의 설명을 통한 주제의 반복
4) 주제의 대지구분(3가지로)
5) 주제의 소대지 구분(subdivision of theme)
6) 각 부분의 확장(amplification of each division).
그 외에 그는 정선된 그 당시의 설교들로부터 다음과 같은 설교를 치장하는 요소들을 추천하였습니다. 주제의 고안(Invention of Theme), 회중의 확보(Winning -over of the Audiance), 기도,

---

151) 참조. 잉그베 브릴리오드, 『설교사』, 홍정수 역(서울: 신망애출판사 1987), p. 117ff.
152) 참조. Richard Lischer(Ed.), *Theories of Preaching* (Durham: TheLabyrinth Press, 1987), 220ff.

도입부, 대지구분, 대지의 언급, 대지의 증거(Proof of the Parts), 대지의 확장, 여담(digression-Transition으로 부름), 일치(조화), 일치의 동의, 간접적인 언급에 의한 발전, 회선(convolution 돌아옴), 일치(unification), 결론, 채색, 음성의 조절, 적절한 제스처, 시의 적절한 유머, 암시, 확고한 표현, 주제에 대한 숙고. 이것들을 보면 이미 중세에 수사학적 기법으로 설교의 치장에 주력하고 있음을 알 수 있습니다. 이러한 설교의 학문적 발전에 심대한 영향을 끼친 것은 아리스토텔레스의 논리학을 성경 해석과 신학의 추론에 적용시킨 스콜라 철학입니다. 특히 설교의 형식에 공헌했는데 이때부터 재료에 대한 구분과 논리적인 배열이 설교 완성의 중요 항목으로 등장하게 되지요. 우리에게 익숙한 연역적 대지 설교는 아리스토텔레스의 수사학에 기인한 것인데 중세의 설교학이 이것을 설교에 받아들여 오늘까지 이르게 된 것이지요.

하지만 말씀의 종교인 기독교가 종교개혁에 의해 그 지위를 회복하기 직전까지를 한 마디로 축약하면 '설교의 암흑기'라고 할 수 있습니다. 왜냐하면 종교개혁 이전까지 설교는 그 본래의 의미와 기능을 상실한 채 교회의 자기표현인 예배에 포함된 부수적인 요소로 전락되었으며 비로소 종교개혁에 이르러서야 말씀의 종교인 기독교의 참모습이 그 위상을 되찾을 수 있었기 때문입니다.

4. 종교개혁자들은 설교를 어떻게 이해했나요?

> 오늘의 기독교를 세운 실질적인 모체는 종교개혁이라 들었습니다. 설교가 기독교 교회의 예배의 중심으로 자리잡은 것도 종교개혁으로 알고 있는데요,
> 종교개혁 시대의 설교에 대해 알고 싶습니다. 특히 대표적인 종교개혁자들인 마르틴 루터나 츠빙글리 그리고 존 칼빈은 성만찬에 관하여 각기 다른 이해를 보였는데요, 설교에 대한 이해는 어떠했는지요?

설교가 기독교 예배의 중심으로 우뚝 서게 된 것은 종교개혁자들에 의해서입니다. 이들은 설교를 '하나님 말씀의 설교'(praedicatio verbi divini)로 규정하여 설교를 단순히 인간의 말이나 성도들의 신앙 지도를 위한 하나의 방편 정도가 아닌 하나님 말씀으로 이해했습니다. 스위스 취리히의 종교개혁을 이끌었던 츠빙글리의 사위이자 스위스 제2 신앙고백서의 저자인 하인리히 블링거(Heinrich Bullinger)는 종교개혁의 설교 명제를 "하나님 말씀의 설교는 하나님 말씀(Praedicatio verbi dei est verbum dei)"이라고 정의했는데요. 설교가 인간의 연설이나 하나님에 대한 설명이 아니라 지금 여기서 우리에게 말을 걸어오시는 하나님의 말씀이며, 그것을 충족시키는 일차적인 조건이 기록된 계시의 말씀에 근거한 설교임을 의미합니다.

▶하인리히 블링거

종교개혁자들은 설교라는 용어로 콘치오(Contio)를 사용했습니다. 이 단어는 '공예배에서 성경을 근거해 행해지는 회중 설교'라는 의미를 담고 있지요. 중세 교회의 예배에서 추방당했던 설교의 자리를 다시 복원시키고 성경을 근거로 설교하며 그 대상이 회중이라는 사실을 이 용어 사용을 통해 천명한 것

이지요.

종교개혁의 설교는 다음과 같은 특징을 보여줍니다.

첫째는 성경을 하나님 말씀의 한 가지 양식으로 이해했습니다. 즉 하나님 말씀을 성육신하신 하나님 말씀인 예수 그리스도, 기록된 계시의 말씀인 성경 그리고 선포된 하나님 말씀인 설교로 이해한 것입니다. 따라서 예배는 바로 하나님 말씀이 중심이 될 수밖에 없습니다. 마르틴 루터는 예배의 명칭을 '설교예배'(Predigt-gottesdienst)로 명명하며, 설교 없이는 예배가 없음을 천명할 정도로 설교의 중요성을 강조했습니다.

둘째, 성경적 설교의 회복입니다. 종교개혁자들은 성경을 신앙에 관한 최고의 권위(credenda et agenda)로 인정했습니다. 다아간은 종교개혁의 설교의 영광은 성경을 사용하는 것이었다고 단언합니다.153) 즉 종교개혁자들의 손에서 하나님의 말씀은 다시 제자리를 찾아 강단에 서게 된 것이지요. 브뢰멜은 종교개혁자들의 성경 사용을 "구교회의 쓰레기를 제거하는 지레이며 복음의 영원한 빛을 드러내는 도구"154)라고 묘사합니다.

루터와 칼빈 뿐 아니라 당시 종교개혁에 참여했던 우르바누스 레기우스(Urbanus Regius), 브렌쯔(Brentz), 쾰리우스(Coelius), 코르비우스(Corvinus), 디이트리히(Dietrich), 마테시우스(Mathesius) 같은 종교개혁자들도 하나님의 말씀(성경)을 전했고 성경이 주가 되는 설교를 했습니다.

영국의 종교개혁가인 크랜머(Cranmer)는 1534년 성직자들을 지도할 목적으로 작성한 지침서에서 "모든 설교자들은 성경 곧 그리스도의 말씀을 순수하고 올바르고 진실되이 전해야 합니다."155)라고 했고, 라티머(Latimer) 역시 주기도문 설교에서 "하나님의 말씀은 모든 선한 것의 원천이요 도구"156)라고 선언하고 있습니다.

---

153) 에드윈 C. 다아간, 『설교의 역사(1)』, p. 511.
154) Ibid, p. 512.
155) *Works of Bp. Cranmer*, Parker Society J. E. Coxed. p. 461.
156) 에드윈 C. 다아간, 『설교의 역사(1)』, p. 514.

셋째, 종교개혁자들은 중세교회가 사용해 온 문자적(literallis), 우화적(allegoricus), 도덕적, 비유적(moralis sive tropolicus) 그리고 신비적(anagogicus) 성서 해석을 거부했습니다. 루터의 경우 처음에는 중세의 성서 해석을 사용했지만 시간이 지나면서 다른 양상을 보였는데요. 루터는 성서 주석의 대원칙을 오직 '성서로만(sola scriptura)'으로 주장했습니다.157) 이 말은 성서의 중심이 그리스도인 한에서 성서가 성서를 해석한다는 의미이지요. 우선 그는 성서의 문자적 의미가 생명, 위로, 힘, 교훈, 예술이라고 평가하며 문자적 의미인 '어의'(Wortsinn)가 성서 자체를 해석할 수 있다는 확신 하에 문자적 해석을 강조했지요.158) 또 하나 중요한 것은 그리스도 중심적인 성서 해석입니다. 루터는 구약을 사람이 무엇을 행해야 할지를 가르치는 하나의 법전(Gesetzbuch)으로 보았고, 신약을 복음 혹은 은혜의 책이라고 보았어요. 그러면서 "신약은 구약의 해석이다.(Das Neue Testament ist Auslegung des Alten Testaments), 구약성서는 본문이고 신약성서는 해석이다."159) 라고 신구약의 관계를 규정하면서 그리스도가 성경의 중심(Mitte der Schrift)이라고 주장했어요.160) 루터는 그리스도가 성서의 계산점(punktus mathematicus)이기 때문에 개개의 것들은 이 차원에서 이해되어야 하며, 따라서 설교자는 오직 그리스도만을 설교해야(solus Christus praedicandus)한다161)고 주장했어요.

존 칼빈 역시 알레고리적인 영해를 거부하고 성서 해석의 토대

---

157) 참조. Dietrich Rössler, op. cit, pp. 363ff.

158) WA.TR 5, 45, 10-17; H. Graf Reventlow, *Epochen der Bibelauslegung. Band III*, p. 89에서 재인용.

159) G. Ebeling, *Lutherstudien. Bd 1* (Tüingen: J. C. B. Mohr, 1971), p. 43.

160) P. Althaus, *The Theology of Martin Luther*, 이형기 역, 『루터의 신학』 (서울: 크리스챤다이제스트, 1996), p. 109.

161). WA TR 2, 439, Nr. 2383.

를 역사적인 어의(語意)에서 찾았습니다.162) 그는 해석자의 우선적인 과제를 본문이 가지고 있는 자명한 문자적인 의미를 찾는 것으로 간주하면서 '간결함과 명백성(brevitas et facilitas)'을 성서 해석의 원칙으로 삼았습니다.163)

루터와 마찬가지로 칼빈 역시 그리스도 중심적인 시각으로 성경을 보고자 했습니다. 그는 성경의 내용은 창조주(Schöfer)이지만 동시에 항상 구원자(Erlöer)라고 보았는데 이것은 그가 성경의 기독론적인 측면을 강조한 것이지요.164) 전반적으로 종교개혁자들은 성경의 문자적 역사적 의미를 중시했고 성경이 성경을 해석하게 하라(Scriptura Scripturae interpres)는 공리를 견지했으며 그리스도 중심적인 해석과 성령의 조명을 중시했다고 정리할 수 있습니다.

넷째, 중세의 설교는 스콜라 신학의 영향을 받아 매우 치밀하고 복잡한 수사학적 기교로 설교에 치장을 했습니다. 이로 인해 설교는 매우 복잡하고 인위적인 기교로 넘치게 되었지요. 종교개혁자들은 인위적이고 복잡한 중세의 수사학을 거부하였습니다마는 전체적으로는 여전히 수사학과 설교의 끈끈한 관계를 유지해 왔다고 보는 것이 옳을 것입니다. 가령 종교개혁기의 대표적 이론가로 정통주의 시대의 설교학에 결정적인 영향을 끼쳤던 멜랑히톤(Ph. Melanchthon)은 어거스틴의 전통에 서서 설교학과 수사학을 결합시킨 『기초 수사학 상·하』(Elementorum Rhetoricum libri duo)를 저술했습니다.

마르틴 루터는 설교의 과제를 가르치고(docere) 권고하는(exhortari) 것인 바, 가르침은 분명한 명확성(이해)에 의존하고 권

---

162) H. Graf Reventlow, *Epochen der Bibelauslegung. Band III*, p. 134.
163) 한스 요하킴 크라우스, "칼빈의 성서해석 원칙", 『한국교회 구약성서 해석사: 1900-1977』 (서울: 대한기독교출판사, 1978), pp.114-136.
164) H. Graf Reventlow, *Epochen der Bibelauslegung. Band III*, p. 123.

면은 회중의 의지를 지향한다고 봤어요. 그러면서 이해와 의지, 가르침과 권면 이 두 가지는 설교의 역사에서 항상 수사학의 영향 아래 만난다고 이해했습니다.165) 하지만 루터는 복잡한 수사학적 기교 대신 단순성, 간결성, 명료성을 설교의 지향점으로 제시했어요.

칼빈 역시 화려한 수사적 치장보다는 키케로의 영향을 받아 평범한 스타일을 주장했습니다. 칼빈은 12권으로 된 수사학 교과서로 당시 수사학에 지대한 영향력을 끼치던 퀀틀리안의 『연설의 연구(Institutes of Oratory)』를 말에 의해 영혼이 조각되는 반성경적 도구로 간주해서 반대했어요. 그 대신 고안(Invention), 배열(arrangement), 작문(wording), 암기(memorization), 실행(delivery)이라는 키케로의 평범한 패턴을 수용하였지요.166)

종교개혁을 대표하는 두 인물로는 마르틴 루터와 존 칼빈을 꼽을 수 있겠지요. 루터는 1512년 10월 18/19일에 비텐베르크 대학에서 박사학위를 받은 이후 스타우피츠의 후임으로 성서 강의(Lectura in Biblia)를 위한 신학부 교수로 1513년부터 강의를 시작하였고, 1545년 11월 17일 창세기 강의가 끝나면서 루터의 교수활동도 끝이 났지요.167). 그는 (중간에 강의를 하지 못한 기간을 제외하고) 총 27년 혹은 28년간 교수생활을 했는데요, 이중 4년 반 정도는 로마서, 갈라디아서(두 번), 디도서, 디모데전서, 빌레몬서, 히브리서, 요한1서 등 신약성서를 다루었고 나머지는 창세기, 이사야, 소선지서, 전도서와 아가서 및 시편(세 번) 등 구약성서를

---

165) Emanuel Hirsch, "Luthers Predigtweise," in: *Luther. Mitteilung der Luther Gesellschaft, Archiv fuer Reformationsgeschichte* Vol. 88, 1954, p. 71.

166) Lester Dekoster, "The Preacher as Rhetorican," in *The Preacher and Preaching: Reviving the Art in the Twentieth Century*, ed. Samuel T Lorgan Jr. (Phillipsburg, N.J: Presbyterian and Reformed, 1986), 310ff.

167) Reinhard Schwarz, Luther (Die Kirche in ihrer Geschichte. Bd. 3). Gottingen: Vandenhoeck & Ruprecht, 1986, p. 191.

강해했어요. 오늘날로 치면 루터는 구약학 교수라고 할 수 있지요.168) 그의 수업의 주 교재는 성서로, 말하자면 평생토록 강단에서 성서 강해만 했던 셈이지요. 이러한 성서에 관한 관심은 자연스레 설교로 이어지기 마련이지요.

우리가 잊지 말아야 할 것은 마르틴 루터야말로 위대한 설교자였다는 점입니다.169) 그의 설교 사역은 수도원에서부터 시작되었고 대학과 교회를 망라해 대략 4,000-10,000번 가량 설교한 것으로 추정되는데, 당시 설교를 들은 회중들에 의해 기록되어 전해 내려오는 설교문이

▶마르틴 루터

대략 2,300여 편에 이릅니다.170) 예를 들어 1528년 한 해 동안 루터는 145일에 걸쳐 모두 195회 설교하였으며 1529년에는 121회 설교하였는데 40일 동안 연속하여 매일 두 차례씩 설교하기도 하

---

168) Ulrich Kopf, "Martin Luthers theologischer Lehrstuhl," *Die Theologische Fakultat Wittenberg 1502 bis 1602: Beitrage zur 500. Wiederkehr des Grundungsjahres der Leucorea* (Leipzig: Evangelische Verlagsanstalt, 2002), p. 71.

169) 마르틴 루터의 설교에 관하여는 다음의 글들을 참조하세요: Grimm, H. J, "The Human Element in Luther's Preaching", Archive Reformationsgeschichte 49(1958), 50-60 ; Kiessling, E, The Early Sermons of Luther and Their Relation to the Pre-Reformation Sermon, 1935; Lischer, R, "Luther and Contemporary Preaching: Narrative and Anthropology", The Scottish Journal of Theology 36(1983), pp. 487-504.

170) 루터의 설교는 설교집(postils: post illa verba sacrae scripturae)에 수집 기록 되어 있습니다. 여기에는 설교 전문 뿐 아니라 설교노트, 설교요약 혹은 설교보조 자료 등이 망라되어 있습니다. 특히 여기에 수록된 루터의 절기설교들은 많은 설교자들에 의해 널리 사용되었지요.

였습니다.171) 그는 주일 설교 시 보통 2,000명의 비텐베르그 시 교회 교인들을 대상으로 세 차례나 설교했는데 아침 5-6시의 예배에서는 바울의 서신서를, 8시나 9시의 예배에서는 복음서를 그리고 오후(vasper)예배시에는 교리교육(Catechism)을 위한 교육 설교를 하였지요. 특히 1510년 비텐베르그 시립교회의 설교자로 임명된 이래 루터는 주일 내내 설교 사역을 지속했는데 월요일과 화요일에는 교리문답과 관련된 교육 설교, 수요일에는 마태복음, 목요일과 금요일에는 목회서신서 그리고 토요일에는 요한복음을 각각 설교했습니다.172)

이러한 설교자로서의 이력이 말해주 듯 루터의 생애와 신학 그리고 사상은 모두 설교에 반영되어 있다고 해도 과언이 아닐 만큼 설교는 루터에게 있어 절대적인 위치를 차지하는 것이었습니다. 그에게 있어 설교가 빠진 예배는 상상도 할 수 없는 것이었지요.

"그러므로 말씀 없이 하나님을 예배하는 자는 누구든지 참된 하나님을 예배하는 것이 아니고 그 예배하는 하나님도 실상은 하나님이 아니다. 왜냐하면 그리스도 없이는 우상 밖에 있을 수 없기 때문이다. 따라서 그리스도 자신이 말씀이다."173)

그렇다면 설교에 관한 루터의 생각은 어떻게 정리할 수 있을까요.174) 사실 루터는 설교에 관해 뚜렷한 이론을 제시하거나 남기지는 않았습니다. 그나마 1528년 발표한 "그리스도를 설교하는 것이 아닌 것"(Nihil nisi Christus praedicandus)이라는 루터의 글

---

171) William H. Willimon, Richard Lischer(Ed.), *Concise Encyclopedia of Preaching*, (Louisville, Westminster John Knox Press, 1995), p. 313.

172) Ibid, p. 314.

173). W. A. X. 1; 158. 15.

174). 마르틴 루터의 설교에 관한 연구는 다음의 논문들을 참조하세요: E. Hirsch, "Luthers Predigtweise," in: Luther 25, 1954ff; H. Mueller, "Luthers Kreuzesmeditation und die Christuspredigt der Kirche," in: KuD 15, 1969, 35ff; R. Frick, "Luther als Prediger," in: LuJ 21, 1939, 28ff.

에 그의 설교관의 일단이 드러나 있지요..175)

"그리스도의 생애를 단지 그에 관해서만 그리고 역사적 연대적으로만 발생한 것으로 설교하는 것, 즉 회중을 다루지 않는 피상적이고 역사적인 설교는 어떤 영향도 끼치지 못한다. 그러므로 나는 그리스도의 복음을 설교하며 살아있는 음성으로 나는 그대에게 그리스도를 가슴 속으로 불러온다."

설교학자인 히르쉬(E. Hirsch)는 이를 두고 루터의 설교 특징을 본문 주석(Schrift- auslegung), 청중 인지, 살아있는 음성(viva vox)으로의 설교, 무(無)장식 무(無)기교로 규정했습니다.176) 그러나 무엇보다 루터의 공헌은 하나님 말씀에 대한 신학적 근거를 분명하게 세운 것에서 찾을 수 있겠지요. 루터는 하나님의 말씀을 성육신된 하나님 말씀인 예수 그리스도, 기록된 계시의 말씀인 성경 그리고 선포된 하나님 말씀인 설교의 삼중적 양식으로 규정하여 하나님 말씀으로서의 설교의 위치를 천명했지요.

스위스 종교개혁을 이끈 존 칼빈 역시 위대한 설교자로 손색이 없는 인물입니다. 칼빈이 설교자로서 활동한 것은 스트라스부르그에서의 3년간과 1541년 9월 13일 다시 제네바에 돌아와 1564년 임종할 때까지의 약 23여 년간입니다.177) 특히 제네바에서 칼빈은 무엇보다도 말씀의 사역에 의해 제네바 교회정치를 새롭게 하려고 하였습니다. 칼빈은 성피에르(St. Pierre) 교회에서 매일 1회 이상 설교하였는데요. 그의 설교는 신구약 주석에 바탕을 둔 철저한 강해 설교였습니다.

▶존 칼빈

---

175) Gert Otto, *Predigt als rhetorische Aufgabe*, Neukirchen 1987, p. 70.

176) Emanuel Hirsch, "Luthers Predigtweise," p. 71.

177) 정성구 "칼빈주의와 설교"「신학지남」, 제4호(1977. 9), pp. 70-75.

사실 칼빈은 성경의 각 책들 전체를 설교하려고 했기에 그의 강해 시리즈가 끝나는 데는 몇 년이 걸렸어요. 예를 들어 매주 사도행전을 설교해서 마치기까지는 4년이 걸렸습니다. 그리고나서 그는 데살로니가 전후서를 46번, 고린도 전후서를 186번, 목회 서신을 85번, 갈라디아서를 43번, 에베소서를 48번에 걸쳐 설교했습니다. 후에 그는 공관복음서 설교를 시작했는데 이는 1559년 봄에 시작해서 5년 뒤 1564년 5월 27일 그가 사망할 때까지 계속되었지요. 동일한 기간 동안 그는 욥기를 159번, 신명기를 200번, 이사야서를 353번, 창세기를 123번에 걸쳐 다른 강해설교들과 함께 설교했습니다.[178]

칼빈은 1549년부터 그가 사망한 1564년까지 격주로 주일과 주중에 하루 두 번씩 설교했고 구약성경만 가지고 2천 편이 넘는 설교를 했습니다. 칼빈의 설교를 연구한 휴즈 올리판트 올드(Hughes Oliphant Old)는 이러한 칼빈의 강해설교를 철저함과 완결성, 체계적인 논리성으로 평가했습니다.[179]

칼빈은 천식으로 말을 하지 못한 채 몇 달 고생하다가 임종하게 되는데 유언에서 자신을 "나, 존 칼빈, 하나님의 말씀의 종"(I, John Calvin, minister of the Word of God)이라 고백했어요. 이것은 그가 설교자로서의 자기 정체성에 얼마나 철저했는가를 웅변하는 것이지요. 그렇다면 칼빈은 설교를 어떻게 이해했을까요? 그는 설교를 하나님이 자기의 말씀을 전해주기 위해서(ordinari ratio dispensandi) 정하신 전형적인 방법[180]으로 이해합니다. 칼빈은 기록된 말씀(written Word)으로서의 성경이 하나님의 말씀이듯이 설교자를 통해서 선포되는 말씀(spoken Word) 역시 하나님의 말씀으로 보았으며,[181] 그런 입장에서 "하나님의 말씀은 선

---

178) 이에 대해서는 다음 글을 참조하세요. Rob Ventura, "John Calvin - a Model for Ministers (2)", The Banner of Sovereign Grace Truth, May- June 2018.

179) Ibid.

180) Comm, Rom 10: 14.

181) 위의 책, p. 57.

지자들의 말과 차이가 없다"182)고 주장합니다.

"하나님께서는 사람들에게 이 일(하나님 말씀의 전달)을 위임하셨으나 그것은 권리와 영광을 이양하신 것이 아니다. 단지 그들의 입을 통해서 당신의 사업을 성취하시려는 것이다. 노동자가 일을 할 때 연장을 쓰는 것과 같다."183)

칼빈은 성경과 설교자 사이의 관련성을 분명히 하였지요. 칼빈에게 있어 성경은 하나님의 음성이고 설교자의 사명은 성경을 강해하는 것입니다.184) 따라서 설교자는 오직 성경에 계시되고 기록된 것만을 선포하고 증언해야 합니다.185) 즉 설교가 하나님의 메시지 즉 말씀(Word)인 성경의 메시지를 전하는 한, 그것은 하나님의 말씀입니다.

칼빈은 우리의 구원이 그리스도로 말미암지만 그리스도는 이 사역을 설교의 직분을 맡은 그의 일꾼들을 통해 행동하신다고 봅니다.186) 이런 맥락에서 칼빈에게 있어 설교란 목사의 절대적인 의무이자 특권입니다. 심지어 만일 목사가 설교할 수 없다면 당연히 목사가 아니라고까지 말할 정도입니다.187) 하지만 설교자가 인간적인 연약성 때문에 책임을 감당하기 어려운 것을 알고 그리스도께서 성령을 보내주시기로 약속하셨음을 상기시키면서 칼빈은 어떤 설교자도 성령을 받지 않으면 이 말씀증거의 자격을 얻지 못한다고 주장합니다.188)

---

182) John Calvin, *Commentaries on the Twelve Minor Prophets*, trans. John Owen (Grand Rapids: Baker Books, 2005), p. 341.

183) 존 칼빈, 『기독교 강요 IV』 3. 11.

184) T.H.L Parker, *Calvin's Preaching*(Westminster: John Knox Press, 1992), p. 17.

185) Ibid, p. 22.

186) Comm. Acts, 13: 47.

187) Thomas Henry Louis Parker, 『칼빈과 설교』, 김남준 역, (서울: 도서출판 솔로몬, 1993), p. 5.

188) COMM, IK, 24: 49.

이상에서 살펴본 것처럼 종교개혁자들에게 있어 설교는 하나님 말씀으로, 인간에 대한 하나님의 공적인 밑거름입니다. 따라서 설교자는 말씀의 봉사자라는 자기 신분을 잃지 말아야 하며 회중은 하나님의 말씀에 대한 경외감으로 말씀 앞에 서야 합니다.

설교, 그것이 알고 싶다!

초판 발행	2021년 3월 31일
저자	정인교
발행인	서은미
디자인	김현경
편집	박은경
발행처	HK2 CULTURE CONTENTS
출판등록	2013년 6월 10일 제 2013 -000011호
주소	충남 천안시 목천안터2길19
전화	070-8238-1011
전자우편	hk2cnc@gmail.com
ISBN	979-11-957913-2-3

* 저작권법에 의해 보호를 받는 저작물이므로 무단전재와 무단복제를 금합니다.
* 이 책의 내용 전부 또는 일부를 사용하려면 반드시 저자와 hk2 culture contents의 서면동의를 받아야 합니다.
* 잘못 만들어진 책은 바꿔드립니다.